PAR-CI ET PAR-LA

MÉMOIRES DE VOYAGE

PAR-CI ET PAR-LA

MÉMOIRES DE VOYAGE

Vade et clama.
JÉRÉMIE, II, 1.

CHAMBÉRY

IMPRIMERIE D'ALBERT BOTTERO, EDITEUR

51, PLACE SAINT-LÉGER, 51

1868

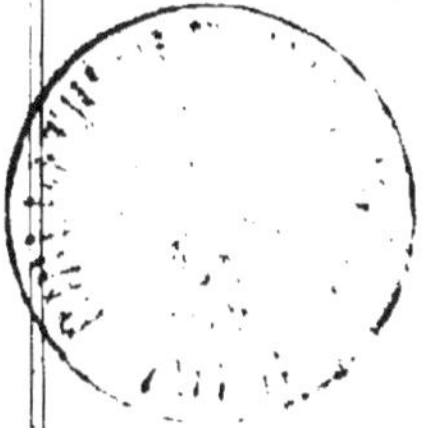

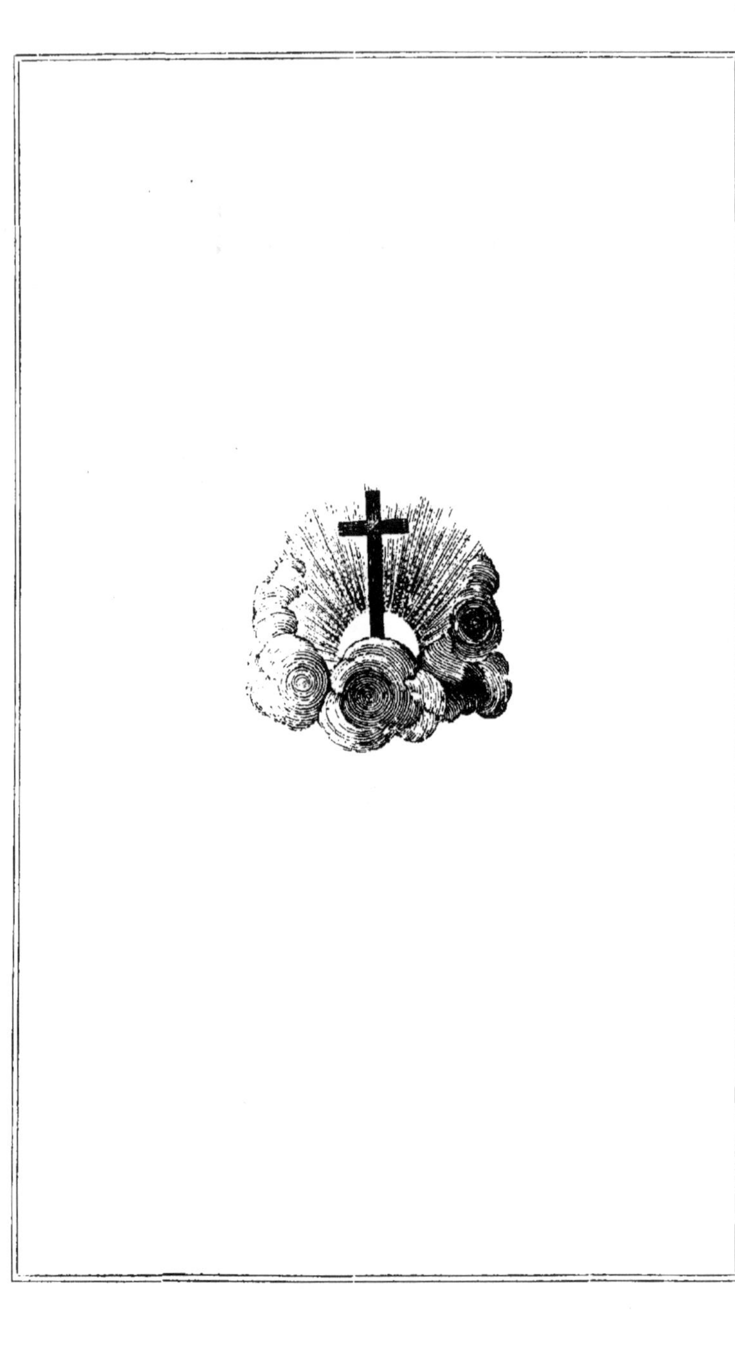

A MA MÈRE !

—◦◦◦—

Tandis que la nuit tombe, et que, dans la ville, le bruit paraît s'endormir; — tandis que sous la voute des cieux brillent mille étoiles d'or, et que la lune incline sur ma chambrette sa douce lumière; — mon cœur joyeux s'est souvenu de l'amour de **MA MÈRE !**

Les soins qu'elle a prodigués à mon enfance, sa tendresse et son affection pour moi, la générosité avec laquelle elle a fait au bon Jésus le sacrifice de son fils; tout cela est présent à ma mémoire !

Et ces souvenirs sont pour mon âme des souvenirs pleins de charmes et de suaves parfums.

Moi aussi, BONNE MÈRE, je vous aime, et c'est pour vous le témoigner que je vous envoie ce petit journal.

Des feuilles et des fleurs que je trouverai le long de ma route je formerai, pour vous le présenter, un petit bouquet.

Puisse ce bouquet vous être agréable!

Je prie le bon Jésus de répandre sur vous et sur toute la famille la rosée de ses bénédictions! Que son divin amour augmente en nos cœurs, MA MÈRE!

Votre fils bien affectionné,

L'abbé Hugues BOTTERO,

Prêtre, Miss. ap.

Paris, le 8 mars 1860, 10 heures 10 minutes du soir.

PAR-CI ET PAR-LÀ

Paris, le 8 mars 1860.

Ma bonne mère,

Mon cœur bat bien fort sous ma poitrine; car le grand jour approche, et je la vois près de sonner cette heure où il me sera dit et à mes compagnons :

> Partez, hérauts de la bonne nouvelle,
> Voici le jour appelé par vos vœux ;
> Rien désormais n'enchaîne votre zèle.
> Partez, amis; que vous êtes heureux !
> (*Chant du départ.*)

Heure pleine de mystères, de délicieux transports et de suaves émotions ! heure depuis longtemps attendue, qui doit ouvrir à mon regard un monde tout nouveau ! heure après laquelle je soupire, et que cependant je crains de voir

arriver ! — Car je suis si bien ici !.... il y a tant de fleurs
à recueillir dans ce riche parterre du séminaire !.... les
ombrages y sont si frais, la rosée si abondante!.... O maison chérie, au sein de laquelle j'ai été arrosé de tant de
bénédictions, comblé de tant de grâces, fortifié de tant
de consolations, guidé par tant de lumières ; séminaire
mille fois heureux et mille fois aimé, jamais, non, jamais
je ne t'oublierai ; la mémoire que je conserverai de toi me
sera plus douce que n'est au voyageur égaré la vue de l'é-
toile lumineuse qui lui montre la patrie, plus douce que
n'est à son oreille la rumeur du frais ruisseau qui cache
son murmure entre deux rives de bruyères fleuries; et tu
caresseras mes souvenirs avec plus d'amour que la brise
parfumée de lilas ne caresse les hautes futaies!....

Sans doute, ma bonne mère, il m'en coûte de me sé-
parer de cette tant affectionnée maison de Paris, il m'en
coûte de saluer pour la dernière fois ses murs silencieux,
ses longs corridors qui portent à la méditation, et surtout
cette aimable chapelle où l'on prie si bien, où Dieu se
communique si abondamment à l'âme qui le cherche!....
Il m'en coûte de m'arracher à l'amour de ma famille, à sa
tendre affection pour moi, de jeter un dernier adieu aux
lacs azurés et aux montagnes couronnées de sapins de ma
chère patrie : oh! oui, tout cela est pénible, car la nature
est la même chez le missionnaire que chez les autres hommes. — Mais, dans les silencieuses retraites du cœur, la
voix de Dieu s'est fait entendre : il me destine à voir d'autres cieux, il veut que je vive sous d'autres climats; les
petits enfants demandent qu'on leur rompe le pain du salut,
leurs cris sont montés jusqu'aux cieux, et la miséricorde
de Dieu veut envoyer des pères et des protecteurs à ces
pauvres orphelins !... D'ailleurs, cette voix qui nous com-
mande le sacrifice, répand en même temps sur nos cœurs

le baume de la consolation, et imprime à la volonté le courage nécessaire pour vaincre toutes les répugnances. Une fois entendue, une fois goûtée, toutes les difficultés s'évanouissent, les révoltes de la nature sont apaisées, la joie renaît, et l'obéissance devient non-seulement facile, mais même agréable. Alors mes compagnons et moi nous nous écrions : Où donc est le navire qui nous doit transporter? Les voiles sont-elles déployées, les mâts pavoisés de banderoles et de guirlandes? Entendons-nous les cris joyeux des matelots qui se disposent à lever l'ancre?

Ce que nous savons de plus positif là-dessus, c'est que nous nous embarquerons à Bordeaux prochainement, sur la fin de ce mois. Un premier navire emportera sous peu de jours trois de mes amis et confrères : les PP. Rimet pour le Se-Tchuen (province de Chine), Berthet pour le Japon et Navèche pour le collége central de Pulo-Pinang en Malaisie. Pour nous autres six qui restons, il paraît que nous sommes destinés aux missions des Indes... Dieu soit loué !

Paris, 10 mars. — Les trois missionnaires dont je viens de parler sont partis hier au soir, après la cérémonie d'usage. Bien souvent déjà, dans des lettres particulières, je vous ai entretenu de ce qui se passe ici en pareille circonstance; cependant, comme les mêmes choses doivent se renouveler sous peu de jours à l'occasion de mon propre départ, je pense vous être agréable en vous faisant une description succincte de cette fête de famille si touchante, si pieuse, si remplie d'émotions. Ainsi donc :

Deux ou trois heures avant de quitter la maison pour se rendre à l'embarcadère du chemin de fer, la cloche du séminaire, armée de sa plus belle voix, vient tout à coup interrompre les conversations animées que tiennent entre eux MM. les aspirants; car ce jour-là, sous prétexte d'aider

les partants à faire leurs malles (qui, en règle assez géné-
rale, sont parties une semaine à l'avance), ce jour-là, dis-je,
il y a grand congé du matin au soir. La cloche entendue,
chacun se hâte de se transporter à l'extrémité de notre jardin, où est situé un petit oratoire de la Ste Vierge. Au même
moment, les portes sont ouvertes au public, qui, pareil au
torrent qui rompt sa digue après de longs efforts, se précipite à son tour vers l'autel bénit que couronne une gracieuse
statue de Marie, notre bonne Mère. Cet autel, décoré avec
un goût exquis, a revêtu, vous n'en doutez pas, ses plus
grands airs de fête; les pierreries de clinquant qui ornent
les diadèmes de la Madone et de l'Enfant Jésus qu'elle porte
en ses bras, étincellent comme de véritables rubis exposés
aux rayons du soleil ; des flots de lumière prismatique
inondent à la fois le pieux enclos et les visages des assistants ; des guirlandes d'acacias, des bouquets de roses
artificielles, artistement mélangés, encadrent le fond du
tableau. Des prie-Dieu, en nombre suffisant pour recevoir
les nouveaux missionnaires, sont disposés par ordre près
de l'autel; chacun prend sa place, le silence s'établit, et
la foule des assistants se prosterne à deux genoux sur la
dalle......

Bientôt des chants sacrés se font entendre; tous les cœurs
palpitent, et ces cœurs, animant autant de voix, marient
d'harmonieux accords qui vont porter au pied du trône de
Marie les derniers vœux de ses enfants. Après ces hymnes
d'amour, ces expressions de reconnaissance, ces élance-
ments du cœur, ces invocations ferventes, tout le monde
se rend, les missionnaires en tête, à l'église des Missions-
Étrangères. Les dames, qui n'ont pu entrer au jardin, ont
occupé leur temps à se choisir des places; les hommes se
logent comme ils peuvent, et les partants se rangent en
demi-cercle auprès du maître-autel. Les orgues commen-

cent à résonner, et, lorsque l'évêque qui doit prononcer l'allocution franchit le seuil de l'église, une voix grave et solennelle, répétée par la foule, entonne le *Veni Creator*. Ce chant terminé, on écoute avec un religieux silence le discours du prince de l'Église, puis les orgues recommencent à jouer, et, l'évêque ayant béni les missionnaires, tout le monde, les dames exceptées, va, à la suite des directeurs du séminaire, baiser les pieds des apôtres, tandis que toutes les voix alternent le chant des psaumes par ce verset : *Quam speciosi pedes evangelizantium pacem, evangelizantium bona*, ou cet autre : *Illuminare his qui in tenebris et in umbrâ mortis sedent, ad dirigendos pedes nostros in viam pacis*. Toute la cérémonie se termine par le salut du S⁺ Sacrement et par de dernières invocations à la bonne Vierge.

Cela fait, il ne reste plus qu'à partir ; les voitures s'avancent. Les dames qui n'ont pu assister au baisement des pieds se pressent pour recevoir la bénédiction du missionnaire, car cette bénédiction porte bonheur. — Les partants donnent une dernière accolade à leurs confrères et amis, puis ils montent en voiture, accompagnés de quelque directeur et d'une grande partie de la communauté. Quelques heures après, tout est dit. Les uns sont emportés vers d'autres cieux par le rapide chemin de fer; les autres, silencieux et réfléchis, reprennent la route de la maison, les larmes bien près des yeux, le cœur rempli d'émotion, et soupirant, eux aussi, après le moment fortuné qui leur permettra d'être, non plus simples spectateurs, mais bien acteurs dans cette fête touchante.

C'est ainsi que l'on quitte le séminaire, c'est ainsi que partent les missionnaires pour les pays lointains. Pauvres des biens de la terre, ils ne laissent pas que de faire parmi les peuples de bien puissantes conquêtes. Ils n'ont pas de richesses, pas de ressources; ils ne se confient point dans la force des grands de ce monde, ils ne conduisent point à leur suite des armées nombreuses; leur poitrine n'est point abritée sous des cuirasses d'acier. Tout, au contraire, se ligue contre eux : les princes de la terre les persécutent souvent, et les livrent au mépris et à la mort; l'enfer se déchaîne à son tour et vomit contre eux tout ce qu'il a de noirceur et de malice. — Comment donc résisteront les missionnaires? — Comment? — Par la croix! — La croix, voilà l'arme unique mais redoutable au moyen de laquelle ils soumettront les peuples au joug aimé de Jésus-Christ! Voilà l'étendard qu'ils suivent et qu'ils plantent sur le mur des cités subjuguées. Voilà cette épée formidable avec laquelle ils terrasseront leur propre cœur, le monde et la rage du démon!....

13 mars. — Nous venons de recevoir par dépêche télégraphique une bien triste nouvelle : le P. Berthet, un des trois missionnaires qui viennent de partir, est tombé malade à Bordeaux, saisi par une grave fièvre typhoïde; son état est très précaire, on craint même pour sa vie. Dans tous les cas, son voyage est devenu impossible, et un de mes confrères, le P. Petitjean, se rend ce soir à Bordeaux pour le remplacer. *Homo natus de muliere, brevi vivens tempore, repletur multis miseriis !*

Même jour. — Nous connaissons maintenant notre destination : mes cinq confrères et moi sommes destinés à la mission de Pondichéry (Indes). Louez Dieu! nous sommes envoyés, comme N.-S. J.-C., prêcher l'Évangile aux pauvres et aux ignorants.... Cher peuple indien, dès maintenant tu prends place dans mon cœur d'une manière spéciale, tu es mon peuple, et c'est au milieu de toi que je dois me sanctifier.... Les Indes, spécialement Pondichéry, tiennent un premier rang parmi les missions que tient la Congrégation. — Vous trouverez de nombreux détails sur ce pays dans les Annales de la propagation de la Foi; ainsi je m'abstiens de rien vous en dire.

24 mars. — Le P. Berthet est mort dimanche passé, à Bordeaux, de la mort des justes. — Son père et son frère, avertis par le télégraphe, ont recueilli son dernier soupir et ramené son corps à Besançon, sa patrie.

Même jour. — Un avocat de Paris vient de m'envoyer, ainsi qu'à mes compagnons de route, une pièce en vers de sa composition, en souvenir de respect et d'affection.
La voici telle quelle :

LE DÉPART DES MISSIONNAIRES

Allez, suivez la voix du Dieu qui vous appelle ,
    Allez, de la bonne nouvelle
Infatigables messagers ;
Partez pour les lointains rivages :
Pour vous les mers n'ont point d'orages ,
Et les écueils point de dangers.

Des dangers ! où sont-ils pour ceux qui des supplices
Par avance déjà savourent les délices ;
Pour ceux qui verseront leur sang avec transport ;
Pour ceux dont le trépas n'est plus celui de l'homme ;
    Pour ceux-là dont la mort se nomme
    Le martyre et non point la mort !

Adieu ! mais je vous parle encor la langue humaine ;
Les yeux levés au ciel, vous comprenez à peine
    Pourquoi nous vous disons adieu ;
    Votre oreille à ce mot s'étonne.
    Adieu ! — Vous ne quittez personne ,
Vous n'abandonnez rien : vous marchez avec Dieu !

Patrie, amis, parents, tout vous suivra sur terre :
Quelle rive pour vous est la rive étrangère ?
Où de ce libre exil sentirez-vous le poids ?
Non , non, vous n'aurez point à pleurer la patrie :
    Pour vous cette terre chérie
    Est celle où vous plantez la croix !

Vos amis..... le Seigneur veut vous en faire encore.
Sous des cieux inconnus, au couchant, à l'aurore ,
    Vous en trouverez de nouveaux.
Des amis, on en a partout quand le cœur aime ;
Et vous, vous aimerez à votre heure suprême ,
    Ne fût-ce alors que vos bourreaux !

Votre bonheur, c'est Dieu qui le prend sous sa garde ;
C'est lui que désormais ce soin charmant regarde.
Vous sans famille ! Oh ! non : quand l'homme avant le temps
Se fait pour le Seigneur orphelin volontaire,
    Le Seigneur de l'homme est le Père.
Vous sans famille..... avec ce Père et des enfants !

Il va naître de vous une race nombreuse ;
    Allez, cohorte généreuse,
    Dont les exploits sont des bienfaits.
O sainte ambition, que le ciel te seconde !
    Allez, doux conquérants du monde ,
    A l'univers porter la paix !

Oh ! qu'il est bon le Dieu que votre cœur adore !
Et qu'on est malheureux, hélas, quand on l'ignore !
Allez, allez le dire à des infortunés.
Là-bas vous trouverez des peuples dans l'enfance ;

De cet âge béni rendez-leur l'innocence :
 Ils vaudront mieux que leurs aînés !

Vous avez bien raison dans votre ardente ivresse !
 Allez au loin retrouver la jeunesse ;
  Pour vous ce vieux monde est trop vieux.
La foi dans sa fraîcheur fleurit sur d'autres rives.
Avec ces cœurs s'ouvrant aux vertus primitives,
 Vos cœurs, à vous, s'entendront mieux !

Allez donc !... Mais ce mot sur mes lèvres expire ;
 J'ai besoin de vous voir sourire :
  A vos pieds déjà je pleurais !
Quoi ! vous m'ouvrez les bras ! Que, moi, je vous embrasse !
Moi sur votre poitrine ! Ah ! mon unique place
Etait à ces beaux pieds, messagers de la paix !

Jamais, jamais mon cœur n'a senti telle étreinte.
Céleste affection ! amitié trois fois sainte !
O vous qu'hier encor je ne connaissais pas,
Mon cœur tient à vos cœurs par d'éternelles chaines ;
Et vous, en priant Dieu sur les plages lointaines,
N'oubliez point l'ami qui pleure dans vos bras !

Octave DUCROS (de Sixt).

Je n'ai pas besoin de vous faire remarquer que dans les Indes il n'y a ni bourreaux, ni tyrans, ni supplices ; si je vous ai transcrit cette pièce, ce n'est que pour vous faire voir combien on porte intérêt et affection aux missionnaires. Je verrai probablement ce bon monsieur à la cérémonie d'adieu et au baisement des pieds : ce sera encore un ami qui priera Dieu pour moi......

Bordeaux, le 19 avril 1860. — Lundi passé, de cinq à sept heures, je faisais mes adieux à mes supérieurs, aux confrères, aux amis et connaissances que je pouvais avoir à Paris. Un peuple nombreux s'était rassemblé dans l'enceinte de l'église ; on se pressait pour baiser les pieds des missionnaires, et j'étais du nombre de ces derniers... Une heure plus tard, j'étais installé avec mes cinq compagnons de route dans un compartiment réservé de wagon de première classe, et je saluais une dernière fois la ville de Paris, cette seconde patrie de mon cœur. L'heure du départ se fait entendre, le convoi s'ébranle, le sifflet de la locomotive perce les airs ; moi, le cœur bien gros, les regards fixés du côté de Paris, je croyais faire un rêve ; bientôt la capitale disparaît derrière moi, de nouveaux pays se déroulent sous mes yeux, et c'est à peine si les reflets de l'illumination trahissent encore la présence de la vaste cité où j'ai coulé des années si pleines de bonheur, et à laquelle tant de liens puissants me rattachent.

Cet état de peine dans lequel je me trouvais n'était qu'une crise, aussi ne dura-t-il pas ; en me retournant je vis que j'étais au milieu de mes frères, et en peu de minutes je rentrai dans mon état normal, prenant part à la conversation, priant Dieu de bénir du haut des cieux ces prémices de notre voyage, et de regarder d'un œil favorable notre entreprise et nos desseins.

La nuit entière se passa sans incident notable. Parmi mes confrères, les uns se couchèrent le plus commodément qu'il leur fut possible et finirent par s'endormir ; les autres, après avoir rempli leurs exercices de piété, se mirent à causer ou à chanter jusqu'à une heure très avancée. Bien entendu, j'étais du nombre de ces derniers ; les émotions que j'avais ressenties pendant la journée précédente, la majestueuse position dans laquelle je venais d'être lancé, tout cela, joint à ma grande susceptibilité, me rendit incapable de fermer l'œil un seul instant. Vers les trois heures du matin, j'étais seul à veiller ; je saisis mon bréviaire et récitai Matines et Laudes, que j'avais renvoyées à ce moment à cause de mes occupations. Cela fait, je me recueillis et méditai jusqu'au grand jour. Nous avions traversé pendant la nuit Orléans, Blois et autres villes ; le pays jusqu'alors était plat et triste, pour moi du moins qui, habitué aux montagnes neigeuses et aux rochers couronnés de sapins de la patrie, ne puis regarder, sans tomber en une sorte de mélancolie indéfinissable, de vastes champs nus et dépouillés, sans arbres et sans ombrages, sans rien qui rompe la monotonie de la perspective. Mais alors nous approchions de Poitiers : le pays changeait de tournure à chaque mouvement du wagon ; des collines paraissaient, tandis que d'autres étaient éclipsées. Par-ci par-là, les clochers pointus qui dominent les villages me rappelaient ceux de la Savoie ; des cours d'eau nombreux, des moulins à vent, des chaumières délabrées, tout avait un langage pour moi, et de mon côté je paraissais adresser la parole à tout ce qui frappait mes regards.

Après avoir traversé le Poitou, vint le tour de la Saintonge : autre aspect général, physionomie spéciale, costumes très simples, manière de cultiver la terre différente.

Ma montre marquait huit heures environ quand nous entrâmes dans le département de la Gironde ; de suite nos yeux cherchèrent à briser le voile qui dérobait l'horizon lointain ; on braque les lunettes d'approche ; vaine précaution, la distance était trop forte. Ce ne fut qu'après trois quarts d'heure de route que la Garonne déploya à nos yeux son large ruban bordé de verdure. Alors tout se montra à découvert ; les vignes du Médoc étalaient leurs nombreux échalas, les arbres leur feuillage vert-tendre ; les hautes cheminées des usines cachaient leurs têtes dans la nuée de brouillard qui couronne ordinairement les grandes cités, et, dans le fond du tableau, une forêt de mâts pavoisés indiquait la position du port. — Il est neuf heures cinq minutes, le convoi s'arrête définitivement sous une vaste galerie vitrée. C'est Bordeaux.

23 avril. — Bordeaux est une fort grande cité, bien située, baignée par la Garonne et reliée à la mer par ce fleuve. Pour l'apprécier convenablement il faut faire comme à Paris, c'est-à-dire tout voir, tout visiter, parcourir tous les quartiers les uns après les autres : car il y a variation progressionnelle du vilain et de l'archivilain au passable, au beau et au très beau. Certaines rues pourraient rivaliser avec ce que Paris renferme de plus élégant et de plus grandiose, comme aussi les endroits négligés, mal entretenus, avec des maisons qui tombent en ruines, des rues tortueuses, étroites, privées de trottoirs, ces endroits, dis-je, ne le cèdent en rien à ceux de la capitale.

A notre arrivée à la gare, le correspondant de la maison vint à notre rencontre : de suite nos bagages sont jetés sur la bâche de deux omnibus, et nos personnes sur les banquettes de l'intérieur; on se serre un peu, on se demande les uns aux autres si la santé est bonne, si le cœur est content, si nous quitterons bientôt cette nouvelle ville, et puis, fouette cocher ! En un clin d'œil nous sommes arrêtés devant une sorte de vastes ruines, rue Française, 22, entourées d'arbres séculaires, de nombreuses cours, et environnées d'un silence complet : c'était le séminaire; c'était le lieu de notre habitation jusqu'à notre départ de Bordeaux.

Grande fut la fête des séminaristes ; recevoir des Pères, des missionnaires, cela n'arrive pas tous les jours, d'autant que le P. Daugaron était un élève de la maison il n'y avait encore que trois ans. De leur côté, MM. les supérieurs nous ont témoigné beaucoup d'intérêt et beaucoup d'affection, et nous ont donné l'hospitalité avec une cordialité et un bonheur sans pareil. Nous n'en avons profité que trois jours seulement : encore n'étions-nous à la maison qu'aux moments des repas et à la fermeture des portes. Le reste du temps nous le passions avec notre correspondant, qui nous donnait des instructions pour faire une excellente traversée, ou en visites, ou en commissions pour achats.

Le lendemain de notre arrivée nous fûmes invités à dîner chez M. Abadie, notre correspondant, qui nous reçut avec une joie incroyable et nous soigna comme des princes ; il nous fit prendre mesure chez lui de chapeaux de paille, de bonnets à oreillettes, de pantoufles pour la traversée, et nous montra deux grandes malles de provisions qu'il nous avait préparées de tout ce qui est nécessaire et même utile à bord.

Le jeudi à cinq heures du matin nous faisions route pour

Notre-Dame-de-Verdelais, située à 25 kilomètres de Bordeaux, sanctuaire fréquenté par de nombreux pèlerins et décoré d'une grande quantité d'*ex-voto* témoignant de la protection de Marie. Pour nous, nous voulions nous attirer les faveurs de notre bonne Mère, et abriter sous les ailes de son amour nos entreprises et nos résolutions, lui demander les grâces qui nous sont nécessaires pour mener à bonne fin la barque qui bientôt nous sera confiée, et arriver nous-mêmes à bon port dans l'éternité bienheureuse. A deux heures de l'après-midi, nous étions de retour à Bordeaux pour des formalités de passe-ports qui nécessitaient notre présence en personne, et nous nous préparâmes à quitter Bordeaux pour Pouillac, où notre navire la *Prime*, capitaine Goujon, nous attendait.

De grand matin donc, jour de vendredi 20 avril, nous nous dirigeons vers le port; nos bagages étaient en avant, sur une carriole traînée par un petit âne bien vigoureux. Nous, pour faire la bagatelle d'une demi-lieue de chemin, nous prîmes nos jambes à nos cous, et nous arrivâmes au port une demi-heure avant le départ du vapeur. A l'heure précise la cloche sonne, un coup de sifflet perce les airs, le bâtiment dérive; on se salue de la main et du chapeau, et, en peu de minutes, Bordeaux disparaissait à son tour derrière les vignobles du Médoc et la verdure des environs.

De Bordeaux à Pouillac, où nous pensions trouver la *Prime*, la distance est de douze lieues environ. La Gironde y est large, bordée d'un côté par les vignobles du Médoc et du Château-Laffitte, de l'autre par un grand nombre de villages échelonnés sur la côte. Ces villages sont espacés les uns des autres par de riches prairies ou quelquefois par des bancs de rochers, et il en est où les maisons sont bâties presque en entier dans le creux du roc; c'est à peine si le devant ou la partie la plus antérieure se montre à l'extérieur pour donner entrée aux habitants. — Notre vapeur filait bon train, aidé par la marée et l'expérience de ceux qui le conduisaient. Moi, descendant du pont à la chambre ou carré, ou arpentant les planches du gaillard d'avant au gaillard d'arrière, je contemplais le pays d'alentour, les manœuvres du bâtiment, et les curieux qui s'arrêtaient sur la grève pour voir passer le vapeur et ceux qui l'habitaient. De temps à autre nous nous arrêtions à diverses stations pour prendre à bord les voyageurs, mais seulement pour quelques minutes. A l'une d'elles nous trouvâmes le capitaine de la *Prime,* qui venait avec nous à Pouillac : son navire était dans les environs ; la marée, trop basse, ne lui avait pas permis d'aller plus loin. Le navire et le capitaine nous charmèrent du premier coup. La *Prime,* sans être très grande, était bien effilée, bien restaurée et bien proprette ; le capitaine nous salua avec politesse, s'informa avec un affectueux intérêt de l'état de notre santé, et nous parla au long de l'espoir qu'il avait de faire un heureux voyage à cause des missionnaires et des religieuses qu'il devait avoir à son bord. Depuis il nous a confirmé dans notre premier jugement, et il est d'une bonté, d'une politesse, d'une affabilité remarquable. Notre voyage sera bon, c'est positif.

A bord du vapeur, nous avons entrevu les bonnes Sœurs qui doivent faire la traversée en notre compagnie ; nous pourrons les occuper à l'ornementation de notre petite chapelle et, au besoin, au raccommodage de notre linge.

Après trois heures et demie de marche, le vapeur s'arrête enfin ; la rivière comptait deux lieues de largeur : quelques navires étalaient par-ci par-là leurs mâts pavoisés ; nous étions à Pouillac. — Pouillac est un village d'environ 1,500 âmes, sorte de colonie échelonnée le long de la rade et qui sert à héberger les passagers de vaisseaux que le mauvais temps ou d'autres motifs arrêtent en cet endroit. Le capitaine Goujon fit transporter nos effets du vapeur à l'hôtel du Commerce, et nous-mêmes nous ne fîmes qu'un bond du port au salon de l'hôtel. Un bon feu nous y attendait, et, ce qui valait mieux encore, un excellent déjeuner ne demandait pas mieux que de se faire croquer ; comme notre estomac n'avait souvenance que d'une légère réfection prise à six heures du matin, nous ne devions pas, vous le pensez, faire les difficiles. En un clin d'œil la table fut mise au net. Sur le soir nous fîmes des visites d'un côté et d'autre, nous nous occupâmes de notre départ prochain, et par-dessus tout de nos messes pour le lendemain.

Sur ces entrefaites le capitaine expédiait un vapeur pour remorquer la *Prime,* et lui-même retournait au point où nous l'avions pris le matin pour faire ses adieux à sa femme et à son enfant. La nuit que je restai à l'hôtel se passa sans événement remarquable ; le réveil fut plus intéressant : la *Prime* était en rade, voiles déployées, et semblait n'attendre que nous pour entreprendre le voyage. Nous ne quittâmes pourtant pas Pouillac à la même heure ; le capitaine n'était pas encore de retour, et ce ne fut que sur le soir que, à bord de petites embarcations de pilotes, nous allâmes tous ensemble rejoindre la *Prime,* qui avait continué d'avancer vers l'embouchure de la rivière.

Cinq heures sonnaient lorsque, à l'aide de cordes, nous nous hissions sur le navire, faisant retentir l'air d'un joyeux *Ave maris stella.* Pour ma part, j'avais le cœur joliment content et la tête nue : mon chapeau avait été lancé sur les flots d'une main vigoureuse, et, la marée aidant, il filait en droite ligne vers Bordeaux ; le cordon seul demeurait entre mes mains. Ne vous affligez pas de cette perte volontaire : ce précieux couvre-chef ne valait pas vingt sous et m'était désormais inutile, car nous étions munis d'un chapeau de paille entouré de rubans noirs flottant au gré des vents, et flanqué de gourmettes destinées à le protéger contre les courants d'air.

Cependant la brise favorable tardait à souffler ; les flots paraissaient témoigner de l'agitation de la mer. Le 25, on crut remarquer du mieux. A bout de patience, on lève l'ancre ; le pilote donne ses ordres, et voici que décidément la *Prime* s'ébranle. Faut-il le dire ? Après sept ou huit heures de pénibles manœuvres, nous étions de retour et mouillés non loin de notre point de départ : l'état du ciel n'avait pas permis d'entrer à la mer, et nous aurions pu, en le faisant, courir de grands dangers. Tout ce que nous avions gagné, c'était un peu de mal de mer ; nos religieuses surtout étaient réduites. J'ai souffert pour ma part la valeur d'une demi-heure ; ce n'est pas la peine de se plaindre, n'est-ce pas ?

26 avril. — Ma bonne mère, à quatre heures du matin, la brise favorable a soufflé, et à six heures nous avons mis à la voile ; notre espoir n'a pas été déçu, l'expédition a été couronnée d'un heureux succès. A une heure de l'après-midi nous avons laissé la Gironde pour entrer dans le golfe de Gascogne. On peut distinguer à l'œil nu le point précis où finit la rivière : une grande ligne de démarcation, pareille à un vaste ruban, la sépare de la mer par la divergence de couleur de l'eau ; les flots de la Gironde étaient presque jaunes, tandis que les vagues de la mer ressemblaient à des monceaux de verdure quelquefois, et d'autres fois à des nappes de couleur noire, que le soleil traversait de ses rayons dorés. Les côtes de France paraissaient encore très distinctement à l'horizon. Une heure plus tard, le tableau changeait ; c'est à peine si on les distinguait des brouillards et des nuages qui bordaient les rivages lointains. A ce mo-

ment, mes confrères et moi nous étions debout sur la dunette, le visage tourné vers cette belle France où nous avions
reçu tant de grâces du bon Dieu, et où nous avions coulé
des jours si pleins de charmes et d'ineffables plaisirs; un
Ave maris stella s'échappa de nos poitrines brûlantes, et
s'envola avec des bouffées de brise vers le beau pays que
nous quittions par ordre de Dieu. Quand nos chants furent
terminés, la scène avait complétement pris une autre tournure : en vain nos yeux avides cherchaient la France; en
vain ils cherchaient un peu de verdure, une montagne, une
languette de terre, un rien..., tout était disparu : de l'eau,
de l'eau et encore de l'eau pour reposer la vue, ni plus,
ni moins. Ce spectacle de la mer, tout nouveau pour moi,
la circonstance dans laquelle je me trouvais pour en jouir,
les diverses pensées et émotions qui se partageaient mon
esprit et mon cœur, me créaient comme un besoin d'être
seul et de me livrer à la méditation. Droit comme un pilier
sur l'arrière du navire, accroché d'une main à un cordage
du mât d'artimon, afin de ne pas trébucher, et me laissant
balancer par les flots, je fus plus d'une heure à regarder
et à réfléchir... Je regardais les ondes et les lames de la
mer, je regardais les vagues suivies des vagues, les flots
suivis des flots, je regardais les rayons de soleil qui se
jouaient dans les eaux... Je pensais à Dieu, je pensais à
ma vocation, je pensais à vous, bonne mère, à toute ma
famille, à toutes les personnes amies et qui s'intéressent à
moi, au bon séminaire de Paris, à mon directeur... Le froid
qui devenait de plus en plus vif à l'approche de la nuit me
rappela à moi; je portai mes regards autre part, et rejoignis
mes confrères.

Au milieu de cette vaste monotonie de la mer, nous
éprouvâmes un certain plaisir à voir une multitude d'oiseaux
et de canards sauvages rôder à l'entour de la *Prime*. Le Père

Renevier qui, ainsi que moi, a pratiqué autrefois la chasse, avec cette différence seule que lui tuait, tandis que je me contentais de faire peur, le P. Renevier, dis-je, armé d'une sorte de carabine, fit plusieurs coups de feu, tant en l'air que dans l'eau, très heureux et très brillants ; mais nous n'en tirions pas gros bénéfice : le gibier tombait à la mer, et, le vent venant à son aide, était en quelques minutes hors de la portée de nos yeux et de nos harpons. Ce n'était pas pour nous que ce cher confrère tuait, c'était pour les gros poissons qui habitaient les mêmes parages, et qui sans doute en auront fait leur curée sans délicatesse et sans respect humain.

27 avril. — Avant d'aller plus loin dans ma relation, il faut que je vous dise deux mots du navire à bord duquel nous vivons. La *Prime*, capitaine Goujon, est un trois-mâts très élégant, et sorti tout fraîchement des chantiers. Comme sur toutes sortes de vaisseaux, il y a sur la *Prime* trois parties bien distinctes : le gaillard d'avant, où se trouvent le mât de beaupré, les ancres, le cabestan, etc. ; le pont et l'entre-pont, sur lesquels il y a le mât de misène, le grand mât, la cuisine, le parc aux bestiaux, la chambre à manger des matelots, etc. ; enfin la dunette, ou gaillard d'arrière, le lieu le plus élevé du navire, divisé par le mât d'artimon et la barre ou gouvernail, instrument qui sert à diriger la marche ; cet instrument se met en jeu au moyen d'une roue dentelée que l'on fait tourner de droite ou de gauche, selon la direction que l'on veut imprimer, avec la boussole pour guide. De la dunette, un escalier tournant conduit au carré, ou salon à manger du capitaine, du second et des passagers ; tout autour de ce salon il y a les cabines, larges d'un mètre et longues de près de deux mètres ; c'est là que l'on se couche, avec plus ou moins de facilité bien entendu, sur des planches revêtues de légers matelas, comme sur les rayons d'une armoire. Il y a deux lits par cabine; je partage la mienne avec le P. Brochery, et je me suis aperçu que l'un et l'autre nous y dormons fort bien, malgré les flots qui battent ses flancs et les balancements du navire.

C'est dans le carré que nous disons la messe, lorsque le temps est serein et la mer tranquille. Le lendemain de mon arrivée à bord, j'y ai célébré le saint sacrifice en présence de mes confrères, des religieuses et de tous ceux de l'équipage qui n'étaient pas empêchés par les manœuvres. C'était la première fois que la *Prime* était témoin d'une si auguste et si sainte cérémonie. Le capitaine fit arborer le pavillon en signe de fête et de réjouissance, et le soir nous chantâmes les vêpres avec beaucoup de consolation.

Pour revenir au navire, c'est une maison complète, un bazar rempli de toutes sortes de choses nécessaires, utiles et même souvent superflues. Les animaux qui nous doivent servir en route consistent en 6 moutons, 9 cochons, 150 poulets, quelques canards, une chèvre, son chevreau et un petit agneau; tout cela, bien entendu, chante à sa manière, et même, n'étaient les 9 cochons, d'une façon intéressante. Il y a aussi une cage remplie de lapins; je ne leur promets pas longue vie. Outre ces provisions vivantes, il y a une quantité effrayante de toutes sortes de mets en conserve, de viandes salées, d'eau douce, de biscuits, de légumes, de denrées coloniales, etc. Nous avons du pain toujours frais, car la cuisine est munie d'un four très convenable.

On nous traite à bord en grands seigneurs : le moment des repas est fixé à neuf heures et à cinq heures; le déjeuner compte quatre services et le dessert; le dîner en compte souvent six ou sept, outre la soupe et le dessert. En plus de ces deux repas officiels, nous prenons, si nous le désirons, un bol de chocolat vers les sept heures du matin, et tout ce que nous voulons à chaque heure du jour. Après le déjeuner, il y a toujours café et cognac ; avant dîner, on peut demander le vermouth ou l'absynthe, et de temps en temps on nous offre des prunes à l'eau-de-vie ou autres choses semblables ; pendant les chaleurs nous aurons de la bière pour nous rafraîchir en dehors des repas.

Si je vous fais l'énumération de toutes ces choses, ce n'est pas que j'y attache beaucoup d'importance : un missionnaire s'inquiète peu du plus ou moins de bien-être matériel qu'il peut se procurer, du plus ou moins qu'il peut trouver à manger ou à boire ; souvent, au contraire, c'est pour lui une mortification d'être traité comme un sybarite, car ce qu'il cherche c'est la souffrance, c'est le travail, c'est la peine et la sueur, c'est la croix de Jésus-Christ, et, dans les circonstances que j'ai énumérées, il ne peut jamais rencontrer toutes ces souffrances ; il se contente alors de renoncer par sa volonté à toutes ces frivolités, et d'en faire fi dans le fond de son cœur. Si je vous ai mentionné et détaillé le confortable du bord, c'est seulement pour vous tranquilliser au sujet de souffrances imaginaires que vous penseriez peut-être que j'ai à endurer pendant la traversée. Sous ce rapport, j'ai tout ce que je puis désirer.

Le mal de mer, qui effraye tant de personnes, n'a pas eu grosse prise sur moi : j'en ai été incommodé à deux fois différentes seulement ; j'ai vomi la première fois, et puis tout a été fini par-là. Maintenant je suis habitué et je ne fais pas plus d'attention au roulis ou au tangage que si j'étais sur la place de la Concorde à Paris ; il n'en est pas de même de nos religieuses et de trois de mes confrères. Comme on sait que ce mal n'est pas dangereux, on ne fait que rire de ceux qui en sont attaqués ; on leur offre aussi des remèdes plus ou moins efficaces ; mais le dégoût que l'on éprouve avec ces soulèvements de cœur, fait qu'on n'a pas le courage de rien prendre. Le grand air, la position horizontale soulagent un peu, mais sans guérir radicalement; il n'y a que la patience qui opère une telle merveille.....

On appelle roulis, en terme de marine, le mouvement du navire dans le sens de la largeur, et tangage le mouvement du navire dans le sens de la longueur. Le roulis fatigue plus que le tangage, parce qu'il est beaucoup plus rapide et plus saccadé.... Pour la consolation de chacun et la satisfaction de tous les goûts, les deux mouvements du roulis et du tangage se produisent à la fois dans bien des cas ; c'est le comble de la misère pour les cœurs un peu douillets, tels que seraient par exemple ceux de ma chère maman et de ma bonne sœur Maria. Les noms de bâbord et de tribord sont synonymes des mots français droite et gauche. L'expression filer des nœuds, filer tant de nœuds à l'heure est aussi toute marine ; il faut trois nœuds pour la lieue marine, et la lieue ainsi entendue est de 5556 mètres. Dans les temps heureux, les bons navires filent six, neuf et même douze nœuds à l'heure.

Rien de nouveau ne s'est passé aujourd'hui; nous sommes en vue des côtes d'Espagne, que pourtant nous n'apercevons pas ; notre second disait que jamais il n'avait vu dans ces parages une mer aussi belle. Le ciel est superbe aussi.

Dames, oyez un conte lamentable !

28 avril. — Nous venons d'être témoins d'un accident terrible. Deux passagers de la *Prime*, qui vivaient en se montrant les dents, ont fini par se boxer pour avoir raison l'un de l'autre; le combat fut très acharné, et les deux lutteurs ne purent être séparés par les efforts réunis du second et d'un de mes confrères. Tout à coup un cri se fait entendre : un des boxeurs était tombé à la mer à travers les

bastingages de la dunette. Comme le capitaine était absent,
la chaloupe l'avait accompagné dans sa promenade ; il n'y
avait rien pour tâcher de sauver le malheureux, que des
cordes ; ce moyen fut inutile : emporté par le courant de
l'eau, il finit par se laisser affaiblir par la lame et à dispa-
raître sous les flots au milieu des cris de l'équipage et des
hurlements de douleur de mes confrères. Quelques instants
après, le cadavre de l'infortuné nageait sur la surface de
l'eau salée, et chacun disait : « Ah ! c'est dommage, ce
coq-là était superbe ! » — Ceux qui l'auront trouvé n'auront
pas, comme vous, la chair de poule ! — Heureusement que
toute la volaille que nous avons à bord n'a pas l'humeur
aussi guerrière.

Des souffleurs et des requins ont passé aujourd'hui à
côté de nous ; ils auraient, à mon avis, mieux fait de faire
un tour à notre cuisine. Consolons-nous, ce qui est différé
n'est pas perdu.

Même jour. — J'ai administré pour la première fois aujourd'hui le sacrement de pénitence ; c'est un prélude aux
exercices de l'apostolat. Après le dîner, nous avons chanté
sur la dunette, en union avec nos confrères de Paris qui,
chaque samedi, invoquent avec ferveur l'Étoile de la mer
au bénéfice de ceux de la Congrégation qui sont en route.

29 avril. — Le temps a été superbe aujourd'hui : beau
jour de dimanche, jour de prière, jour de bonnes œuvres,
jour du repos de l'âme en Dieu ! A bord, il est, vous le
comprenez aisément, difficile de donner au culte divin tout
l'éclat et toute la pompe désirables ; nous avons cependant
voulu qu'on le pût distinguer des autres jours de la semaine, ce second dimanche que nous passions sur la *Prime.*
A sept heures du matin, il y eut une première messe pour

la sainte communion ; à dix heures, il y eut messe pour l'équipage, et, ce qui est mieux, messe chantée ; ce fut à moi qu'il était réservé de chanter la première messe solennelle, comme il m'avait été donné de célébrer la première messe basse. De son côté, l'équipage fit preuve de sa bonne volonté : tout ce qui put assister au saint sacrifice se fit un devoir de se rendre à notre salle à manger, transformée en gracieux oratoire. C'était un spectacle touchant que de voir tous ces marins, jeunes et vieux, distribués autour du saint autel, attentifs à ce qui s'y passait, et dans l'attitude de la prière. Le capitaine donnait lui-même le bon exemple, et il m'édifia beaucoup par sa pose modeste, religieuse et recueillie. Il sonna lui-même la messe et fit arborer le grand pavillon à l'extrémité du mât d'artimon.

A dîner, il nous a régalés d'une bouteille d'excellent vin de Champagne ; il en reste encore un certain nombre de flacons pour la traversée. Croiriez-vous qu'il nous est passé, le même soir, en tête la piteuse idée de faire une partie de loto ? C'est cependant la vérité toute nue ! et c'est qu'elle a été mise à exécution, cette idée, à mon grand regret, bien entendu, vu que je n'ai aucunement besoin de soporifique pour dormir convenablement.

30 avril. — Le navire le *Méhari*, qui s'éloigna de Bordeaux en même temps que nous, faisant voile pour la Martinique, reparaît à nos yeux après une absence de quelques jours. Comme il pourra être à même, dans une trentaine de jours, d'arriver à sa destination et d'envoyer des lettres en France, j'ai pensé vous envoyer par son moyen deux mots de nouvelles.

C'est le mois de Marie !

1er mai. — Hier au soir nous avons commencé notre mois de mai en implorant avec amour la protection de la bonne Mère. Il n'était point brillant l'autel ou le trône sur lequel nous avons placé la douce image de Marie. Un rayon de planche, abrité sous une chaloupe renversée et recouverte d'une large voile, servit de trône et d'autel. Pas une fleur, pas une ombre d'illumination autour de la statuette. Le peu de fleurs que nous possédions était employé à l'autel intérieur où nous célébrons la messe, et d'autre part, le vent qui soufflait de tous côtés n'eût point permis de conserver nos bougies allumées. Que faire? si ce n'est suppléer à ce manque de solennité par une plus grande somme d'affection et de ferveur.

Je me suis repenti d'avoir écrit hier par la Martinique, car sur le midi d'aujourd'hui nous avons découvert un navire qui rentrait immédiatement en France. Le capitaine ayant demandé si quelques-uns avaient intention d'envoyer des lettres, je me suis hâté, et bien d'autres avec moi, de répondre : Oui. Aussitôt on arbore le pavillon, on fait jouer une sorte de télégraphe à signaux, et l'on a la consolation de voir que l'on est entendu. L'autre navire arbore aussi le pavillon français, et, après s'être suffisamment approché, se met en panne, c'est-à-dire met la moitié des voiles pour et la moitié des voiles contre le vent, en sorte qu'il y a équilibre, et que le vaisseau, emporté d'un côté et retenu de l'autre, ne bouge plus de place, d'après le principe que deux forces égales et opposées se détruisent. De notre côté nous faisons la même manœuvre, puis nous détachons la chaloupe; deux matelots doivent ramer.

Le P. Renevier, le lieutenant et moi nous nous glissons dans l'embarcation, et nous nous dirigeons du côté de notre courrier. Quelle singulière impression je ressentis ! Quelle drôle de promenade ! Nous fîmes plus d'une demi-lieue sur cette frêle barque, exposés comme une coquille de noix sur la surface des eaux ; balancés par la vague, nous suivions ces divers mouvements : tantôt gravissant les flots, tantôt nous glissant avec mollesse, tantôt paraissant descendre en des abîmes... J'étais content et heureux. On éprouve une sorte de fière satisfaction en se trouvant en sûreté au milieu des périls, et en ne se sentant séparés que par une faible planche des gouffres de l'Océan. Les vagues étaient assez hautes quelquefois pour nous dérober la vue non-seulement du navire, mais encore de ses voiles les plus élevées.

Enfin nous abordons : des matelots nous jettent une corde et nous nous hissons le long des flancs du vaisseau. Le capitaine nous reçut avec bonté, se chargea de porter nos lettres à Brest où il pensait arriver dans quelques jours, nous remercia de l'offre de vivres que nous lui avions faite de la part du capitaine, et nous engagea à descendre au carré pour prendre un verre de vin. Nous sortions de dé-jeuner, il nous était impossible de rien accepter..., rien, si ce n'est un tout petit chat grison, au poil hérissé, aux yeux fauves, que nous conduisîmes à bord de la *Prime*, en sou-venir de notre rencontre avec l'*Espoir*, car tel est le nom du navire que nous venions d'escalader. Au retour, ce petit chaton fut appelé Lord Raglan ; car ici les animaux s'appellent souvent par leur nom ; c'est ainsi que l'agneau se nomme Martin, et le chevreau Misère, à cause de l'état piteux de sa santé.

Lord Raglan est aujourd'hui complétement habitué. Pau-vre bête ! comme on se joue de ses desseins ! elle pensait revoir sous peu la France, sa patrie, et la voilà embarquée pour les grandes Indes ! Pauvre bête !

Berce-moi sur des flots d'azur !

6 mai. — Selon mon habitude, j'étais sur la dunette à considérer le magnifique spectacle du ciel et de l'Océan. Mes yeux s'égaraient au loin sur l'onde amère, se balançant comme les flots qu'ils fixaient. Tout à coup on remarque au loin des morceaux de bois qui suivaient les diverses inclinaisons de la vague, nageant à leur surface, s'élevant et s'abaissant avec elle. D'où venez-vous? Depuis quand êtes-vous en voyage? Où vous rendez-vous?.... Tout autant de questions qu'on leur adresse dans les profondeurs de la pensée, car il faut bien s'occuper à quelque chose.

Mais avant d'avoir trouvé la solution, l'heure du dîner vint à sonner; j'aurais été bien sot de la manquer pour des bâtons flottants. Selon les us et coutumes du bord, nous restâmes à table près de deux heures, us et coutumes qui m'usent les côtes à force de les scier; mais il faut bien passer par là, bon gré mal gré; j'en fus distrait d'ailleurs par deux bonnes bouteilles de champagne qui se laissèrent boire sans trop de difficultés.

Souvent, dans les pièces poétiques, on appelle les vagues de la mer des doux flots d'azur. Il n'y a rien là qui soit exagéré, je m'en suis convaincu par moi-même; quand le ciel est pur et dégagé de tout brouillard, les eaux de la mer ont la plus belle couleur indigo qu'il soit possible d'imaginer; elles offrent alors à l'œil enchanté et réjoui le spectacle le plus beau. Les vagues, agitées par la brise et le vent, s'enflent, tombent, se relèvent encore, se surmontent les unes les autres, et glissent les unes sur la surface des autres en produisant, par ce choc rapide, des flots d'écumes semblables à une très fine poussière blanche. On dirait l'eau qui se précipite en bondissant du haut des montagnes neigeuses de la Savoie, et rejaillit en poudre argentée

du creux de rocher sur lequel elle est tombée. C'est surtout
à l'entour du navire que ces effets sont plus sensibles : en
fendant la lame, qui a une marche déterminée d'après l'in-
fluence des vents, le vaisseau dérange cette marche; les
flots contrariés se gênent les uns les autres, se précipitent
de côté et d'autre, se combattent, et toute la lutte se résout
en écumes et en vacarmes.

8 mai. — Madère! Madère! tel fut le cri qui me réveilla
de grand matin. Je me hâtai de me débrouiller tant bien que
mal du milieu de mes draps, ce qui ne fut pas difficile à
cause de l'habitude que j'ai ici de me coucher tout vêtu sur
mon matelas. En un clin d'œil je me rendis sur la dunette,
et mes yeux avides cherchaient la terre à l'horizon. Oh! si
vous saviez combien on éprouve de joie, après plusieurs
jours de traversée, de revoir la terre! Et cependant qu'é-
tait-ce? A peine au loin, sur la dernière limite de l'œil, on
entrevoit une sorte de nuage représentant une montagne
divisée en deux parties, s'affaissant vers le centre et se ren-
flant aux extrémités, rien de plus; c'est là l'île de Madère,
colonie portugaise, je crois, où l'on recueille les vins
du même nom si célèbres en Europe. La brise a molli
beaucoup, le vent est même devenu contraire; comme
nous sommes obligés de louvoyer, c'est-à-dire de marcher
en zig-zag, au lieu d'aller en ligne droite, nous risquons
bien de rester quelque quarante-huit heures en vue de
Madère ou de Porto-Santo, qui se trouve dans le voisinage.

Aujourd'hui nous avons dépassé un navire suédois, de
construction superbe, que nous poursuivions depuis quelques heures; mais le soir venu, et les vents devenant de
plus en plus contraires, il nous dépassa à son tour et reprit
l'avance qu'il avait sur nous.

Pendant que nous nous trouvions l'un à côté de l'autre,

nous engageâmes conversation avec lui : cela se fait sur mer, quand on est très près, au moyen du porte-voix, et, quand on est plus éloigné, au moyen d'un télégraphe à signaux. Les phrases s'expriment par des drapeaux de diverses couleurs que l'on hisse au sommet d'un mât, et de chaque côté on a des lunettes braquées pour recevoir les questions et les réponses. Les capitaines s'invitent quelquefois à dîner par ce moyen; ils se demandent d'où ils viennent, où ils vont, combien ils ont de jours de traversée, quels vents ils ont eus, et autres choses semblables; ce télégraphe est passablement ingénieux, et l'on se trouve tout heureux sur mer de pouvoir ainsi lier conversation avec tous ceux qui se présentent. Quand on a fini de causer, on se salue poliment en hissant et abaissant successivement trois fois le pavillon national, et puis chacun file de son côté. Il est bien entendu que c'est celui qui dépasse l'autre qui le prévient ainsi par son salut.

10 mai. — Même en bien réfléchissant, il vous serait impossible, je crois, de deviner ce qu'ici on entend par un couteau. Un couteau, chez vous, c'est un instrument tranchant, un coupe-choux, ou bien n'importe quoi. Ici la définition en est bien différente, et cependant, si le matin je demande au maître d'hôtel un couteau, il comprendra ce que je lui dirai, bien que le dictionnaire académique n'en donne pas la même explication. Un couteau, à bord de la *Prime*, n'est ni plus ni moins qu'un verre de cognac accompagné d'un petit croûton de pain. Ce n'est point par sybarisme que je prends par-ci par-là un petit verre le matin, c'est comme préservatif du mal de mer. Les instructions même qu'on nous donne à Paris pour la traversée en parlent d'une manière très explicite, et nous recommandent de prendre ce cognac à jeun même, malgré les répugnances.

15 mai. — Dimanche dernier s'est passé comme de coutume. Jusqu'ici nous avons toujours eu grand'messe en ce beau jour du dimanche, ce qui est assez extraordinaire sur mer. La sainte Vierge nous a beaucoup favorisés, et notre capitaine, qui voyage depuis près de trente ans, avoue ingénûment que jamais il n'a vu une mer aussi belle; non pas que nous fassions beaucoup de chemin, non, nous allons plutôt doucement; mais la mer a toujours été superbe; pas la moindre bourrasque jusqu'ici, pas l'ombre d'une tempête.

Le soir, le capitaine nous a régalés au dîner d'une vieille bouteille de chypre, et puis de champagne. — Or nous nous trouvons actuellement sur les côtes d'Afrique. Une pauvre tourterelle africaine, peu satisfaite de l'ordinaire de son hôtel, voulut s'en aller faire un tour sur l'Océan afin de voir le pays. La pauvrette, qui n'avait pas de boussole, s'égara en rien de temps. Le repentir ne tarda pas à rentrer dans son cœur, mais il était trop tard; pas moyen de retrouver son chemin. Elle volait, volait ainsi, courant à tort et à travers, battant l'air avec ses ailes grises. Pauvre bête! Enfin elle aperçoit les mâts pavoisés de la *Prime;* jugez de son bonheur. Elle dirige de ce côté sa course vagabonde, et, après bien des tours et détours, elle s'abat sur la dunette du navire, et se laisse prendre presque immédiatement par M. le second. Aujourd'hui elle est passagère comme nous, volant ou plutôt sautillant d'une cabine à l'autre, car on lui a rogné prudemment les deux ailes, afin de lui épargner la peine de se noyer. Nos Sœurs se sont déclarées protectrices de la petite fugitive, et se chargent de la nourrir.

Le même jour nous avons aperçu sur les doux flots d'azur, pour s'exprimer poétiquement, une immense tortue, portant grossement sa pesante coquille, suivant sans se faire de bile les diverses inclinaisons de la vague. Si le temps

eût été calme, vite l'embarcation aurait été mise à l'eau
pour l'aller recueillir; mais du train dont nous allions, pas
moyen d'y songer. La tortue de mer ressemble tout à fait
à celle de terre pour la forme et la couleur; elle est un
manger très délicat.

Nous avons encore remarqué une sorte de polype ou de
coquillage très curieux : c'est ce que l'on appelle la galère
portugaise. Imaginez-vous un chapeau de carabinier ou de
gendarme français, de couleur blanche, traversé par les
rayons du soleil et bordé d'une crête rouge très éclatante.
La partie du chapeau qui flotte dans l'eau emporte une sorte
d'ancre qui sert à la gouverne de ce petit navire, et, lorsque
la brise souffle, le chapeau, s'enflant pareil à une voile,
s'en va à la dérive sans se soucier de ce qui lui adviendra.
Ces galères, lorsqu'elles passent en grand nombre, indiquent que des calmes ont eu lieu dans les parages voisins :
c'est là du moins ce que disent les marins, et je n'ai pas de
raison de les contredire.

16 mai. — A quatre heures du matin environ nous avons
passé le tropique du Cancer, et nous sommes dès lors en
la zône torride. Nous allons donc nous habituer aux grandes
chaleurs des Indes, qui, à vrai dire, ne m'épouvantent pas
trop. Ici elles ne me paraissent pas trop effrayantes, car il
y a forte brise pour tempérer l'ardeur du soleil : attendons
le calme et nous verrons. Nous avons maintenant les vents
alisés qui nous permettent de filer dix nœuds à l'heure.
Ces vents règnent constamment en ces parages; du train
dont ils nous font aller, nous arriverions en trente-cinq
jours à Pondichéry, s'ils voulaient se donner la peine de
nous suivre; le malheur est qu'ils sont inamovibles et ne
se déplacent pas volontiers. En les quittant nous entrerons
dans ce que l'on appelle le Pot-au-Noir; en ces parages il

y a toujours des grains, des orages, des pluies, des tonnerres et des éclairs en veux-tu, en voilà, non pas constamment, mais à intervalles inégaux ; à peine on a le temps de les prévoir que déjà ils ont éclaté et inondé le pont sous des torrents de pluie. Cette température toujours variable du Pot-au-Noir est facile à comprendre. Le Pot-au-Noir est la ligne de démarcation qui sépare les vents alisés des vents généraux : ces vents, tantôt dominant, tantôt dominés, tantôt vainqueurs, tantôt vaincus, produisent nécessairement quelque perturbation par ces luttes incessantes, et les pauvres navires s'en ressentent.

En attendant le Pot-au-Noir, le pot au feu se garnit de poissons curieux au dernier point, je veux dire de poissons volants. Trois échantillons de cette famille se sont réfugiés sur le pont de la *Prime* pendant les obscurités de la nuit. Ne croyez point que je plaisante : ce sont de vrais poissons ayant de vraies ailes, tantôt au nombre de deux, tantôt au nombre de quatre. Quand ils sont poursuivis par de gros poissons, ils prennent leur essor hors de l'eau et volent en droite ligne jusqu'à 30, 40, 50 mètres de distance ; s'ils sont fatigués, ils trempent leurs ailes dans la mer et recommencent leur course. On les trouve ordinairement en très grand nombre, ce qui me fait croire qu'ils voyagent en familles ou tribus, comme les peuples nomades, peut-être pour se porter de mutuels secours au moment du danger.

Un Marseillais disait : « Des montagnes de sucre, des rivières de tafia, ze le crois, mais des peyes (poissons) qui volent, zzzttt ! » en passant et repassant son doigt sous les fosses nasales. — C'est cependant la vérité toute pure.

17 mai, jour de l'Ascension de N.-S. J.-C. — Tandis que, dans l'Église catholique, chacun s'apprêtait à célébrer avec

pompe et solennité la belle fête de l'ascension aux cieux
de N.-S. J.-C., nous, balancés par la vague écumeuse,
nous ne pouvions guère qu'unir nos cœurs aux cœurs fervents des chrétiens, nos prières à leurs prières, notre joie
à leur bonheur. Ce jour-là il y eut à bord trois messes, la
dernière chantée, et, dans l'après-midi, les vêpres solen-
nelles.

Outre la fête de l'Ascension, nous avions encore à solen-
niser le vingt-quatrième anniversaire de la naissance du
P. Daugaron, qui, à ses titres d'ami et de confrère, joignait
pour moi ceux de directeur et de confesseur. Je ne pouvais,
vous le pensez bien, rester insensible. Hier au soir, donc,
je lui bâclai quelques couplets; le P. Renevier en fit autant
de son côté, et, après le diner, nous lui chantâmes ça avec
beaucoup de verve et d'entrain. Voici la teneur de ma poésie
plus que transcendante :

Air . *Combien j'ai douce souvenance.*

Combien j'ai douce souvenance
Du jour heureux de ta naissance !
Ce jour doré vint réjouir
    La France.
A mon bonheur daigne t'unir ,
    Zéphir !

Le monde entier redit encore
L'allégresse qu'il fit éclore
Quand naquit petit Gabriel
    Que dore
Le chaud rayon d'un doux soleil
    De miel !

* * *
* *

Air : *Ton ton, ton taine.*

Vous souvient-il que le village
Où prit naissance le fils Daugaron,
   Ton ton *(bis)*, ton taine, ton ton,
Pour fêter ce petit personnage,
Mit à la vole son carillon.
   Ton ton *(bis)*, ton taine, ton ton.

* * *
* *

Air · *Partant pour la Syrie.*

Vers une lointaine terre,
Nous qui voguons doucement,
Fêtons à notre manière
  Ce doux avénement.
  Amis, que l'allégresse
  Nous berce maintenant,
Et renvoyons la tristesse   } *(bis)*.
  Au numéro suivant.

* * *
* *

Les couplets du P. Renevier suivent :

Air du Juif errant.

En consultant l'histoire,
Je ne trouve aucun jour
De plus douce mémoire,
D'aussi joyeux retour;
O dix-huit floréal,
Tu n'as pas ton égal !

* * *
* *

Air connu.

Enrichi dès son enfance
Des plus belles qualités,
Daugaron pouvait en France
Trouver cent félicités.
    Tra la la, etc.

* * *
* *

Air ancien.

Mais souvent dès cet âge
La voix d'un Dieu chéri
Lui disait : « Prends courage,
« Pars à Pondichéry;
« La mer te sera belle
« Et sans aucun danger.
« Père tendre et fidèle,
« Je veux te protéger. »

* * *
* *

Cette brillante poésie était rehaussée encore par l'éclat du bouquet. Représentez-vous, autant que les pauvres forces de vos imaginations peuvent le permettre, ce que c'était que ce bouquet : un vieux fromage de Hollande, en forme de citrouille et vidé à l'intérieur, fut rempli de toutes sortes d'herbes potagères. On voyait du foin, des plantains, des queues de poireaux ou d'oignons; tout cela puisant sa verdure dans la croûte du fromage. De chaque côté de ce fromage, sur ses pôles, si je puis m'exprimer ainsi, on avait colloqué avec beaucoup d'art deux oreilles de morue qui, pareilles aux ailes de la chauve-souris, semblaient inviter le fromage à prendre son essor, et les deux côtés de chaque oreille étaient flanqués eux-mêmes d'une paire d'escargots avec armes et bagages. Le couplet suivant, sur l'air de la *Critique de l'opéra*, accompagnait ce bouquet singulier : c'est le P. Renevier qui l'a fait et qui le chanta.

> Si j'avais à mon service
> Bouquet plus charmant,
> Sans plus d'art ni d'artifice
> Je vous en ferais présent.
> Si ces plantes potagères
> N'ont pas fine odeur,
> Nos souhaits sont plus sincères,
> Ils partent du cœur !!!

Jugez si nous nous fîmes du bon sang. Le capitaine se tordait les entrailles à force de rire. Les passagers qui étaient déjà montés sur la dunette avant la fin du dîner redescendirent en toute hâte, et nous fîmes *bis* à leur intention. Bien vite il fut résolu que le lendemain le P. Daugaron serait le roi du navire : on lui passa la liste des provisions en vivres et en vins qu'il y avait à bord, avec pleins pouvoirs pour commander tout ce qu'il voudrait. En attendant, on servit du champagne et nous portâmes un toast chaleureux à sa très estimable santé.

Aujourd'hui le bouquet a eu les honneurs d'une seconde représentation. La joie a régné à bord toute la journée : les matelots eux-mêmes ont pu arroser le bouquet et s'unir à nous.

Bien entendu que cette fête n'a été qu'accessoire auprès de la belle fête de l'Ascension; cette touchante solennité, faite en union avec toute l'Église et avec tout ce que l'Église renferme de cœurs chrétiens et fervents, devait, vous le pensez bien, nous toucher plus profondément et d'une façon plus fructueuse. Que sont les joies, les pauvres joies de ce bas monde, comparées aux joies spirituelles? Celles-ci sont solides et durables; les autres, si on les prend en dehors de Dieu et sans l'y faire entrer, ne sont rien et ne laissent rien après elles, mais, semblables à de la fumée, elles s'évanouissent aussitôt; heureux encore s'il ne s'agit pas de joies coupables, qui laissent à leur suite le dégoût, le remords et le péché! Quand nous nous réjouissons, que ce soit avec Dieu.

20 mai. — Notre second, M. André, a fait aujourd'hui, à quatre heures du matin, une assez belle capture. Depuis longtemps déjà, les lignes qu'il avait jetées à l'eau s'en allaient à la traîne; il n'y avait pas le moindre morceau

De mouche ou de vermisseau

qui voulût y mordre. C'était vraiment désolant. Ce matin, il a pris sa revanche. Comme il était de quart à la pointe du jour, on annonce qu'un poisson a mordu à l'hameçon. Bien vite on prépare la fouine, sorte d'instrument piquant, formé de plusieurs dents triangulaires, qui sert à piquer, ou, pour s'exprimer en termes de marine, à larder l'animal; cela fait, on retire la ligne..... avec l'aragne pendant au bout..... C'était un thon superbe. Il se débattait comme un possédé, donnant à tort et à travers des coups de tête ou de queue; peine perdue : il était harponné, piqué, lardé à chaque minute. Force était de se rendre et de s'avouer mort; c'est le parti qu'il prit... Il pesait la bagatelle de 84 livres. Une partie fut croquée toute fraîche par les passagers et l'équipage; le reste fut mariné pour le préserver de la corruption qui, dans le pays où nous sommes et avec la chaleur qui nous accable, ne se fait pas attendre.

Ce soir notre charmante tourterelle a fait une fredaine. Croiriez-vous que cette petite sotte a eu la fantaisie, le caprice d'aller faire un tour de France! Pendant que tout le monde était occupé, mademoiselle s'avance sur le gaillard d'avant de la *Prime* et prend son essor. Jugez de sa témérité : elle avait compté sans ses ailes rognées et sans son hôte, ce qui l'exposait à compter deux fois. Après quelques tours et détours, elle tomba à la mer. Nos Sœurs poussèrent un cri de détresse. Le capitaine ordonne bien vite de mettre l'embarcation à l'eau pour aller à force de rames pêcher la fugitive ; cet ordre est exécuté à l'instant même, et la pauvre tourterelle est retirée avant d'avoir pu se noyer. Ce bain de mer pris gratis a été profitable à son plumage, qui a repris beaucoup de fraîcheur et d'éclat. Seulement il paraît certain qu'on lui retranchera encore quelques plumes afin de lui ôter jusqu'à l'idée même de voyages de ce genre.

Pour nous consoler du malheur et du mauvais sang fait à cette occasion, le capitaine a payé le champagne.

23-24 mai. — Décidément, ma bonne mère, nous sommes dans les parages appelés le Pot-au-Noir. Un calme plat nous a saisis ; les mouvements du navire sont si peu sensibles, que l'on ignore s'il avance ou s'il recule. La mer est immobile ; les eaux, au lieu de se précipiter de côté et d'autre et de rouler leur écume avec vacarme et fracas, sont tranquilles et unies comme une glace, et c'est à peine si leur surface est un peu ridée : c'est plutôt le lac du Bourget que le grand Océan. — Le temps passe successivement du beau au vilain, et le ciel, du serein au nuageux. La chaleur est très grande, et chaque jour on trouve qu'elle va s'augmentant. La dunette, quoique protégée des rayons du soleil par des tentes en voiles, est cependant presque inhabitable. Le pont n'est guère plus frais. La chambre ressemble à un four à chaux. On ne sait vraiment où transporter ses pénates pour avoir de fraîcheur la valeur de quelques centimes. Que faire ? sinon accepter tout cela avec patience et esprit de mortification, comme venant de la main de Dieu.

Sous les flots de ce soleil africain (car nous sommes toujours sur les côtes d'Afrique), nos visages commencent à se bronzer d'une belle manière; nos barbes poussent rapidement et nous transforment complétement la figure.

Ne croyez cependant pas que nous soyons dénués de toutes sortes de rafraîchissements : nous avons de nombreuses provisions de bière, de sirops, d'eau gazeuse, et il suffit que nous manifestions le désir de boire, pour que notre très complaisant capitaine se hâte d'appeler son maître d'hôtel et de lui ordonner de servir du rafraîchissant.

L'endroit le plus chaud est encore la cabine. A l'intérieur elle n'est aérée que par l'air brûlant de la chambre, et, à l'extérieur, le soleil peut darder sur elle ses rayons une bonne partie de la journée. A peine y suis-je entré, que la sueur ruisselle de tout mon corps ; aussi je n'y vais guère que pour dormir, et cela le plus tard possible, ordinairement entre onze heures du soir et une heure du matin. Jusqu'à cette heure avancée, je tue un peu le temps comme je puis : je prie, je cause, je médite, etc.; car il n'y a pas moyen de travailler, attendu que les bougies ne peuvent se tenir allumées au grand vent. Parfois je m'endors sur le plancher de la dunette ou couché sur quelque cage à poules; je me réveille, je fume une pipe avec l'officier de quart, et, lorsque je suis accablé de sommeil, je me réfugie sur ma couchette pour trouver, malgré la chaleur, un peu de repos. Une fois endormi, tout va bien : peu à peu la rosée de la nuit tempère l'ardeur du jour, l'air frais pénètre dans la chambre par la claire-voie et les sabords, se communique de la chambre aux cabines, et permet de reposer jusque vers les sept heures du matin.... Nos heures n'étant pas divisées comme au séminaire de Paris, je puis employer tout ce temps à dormir.

Lorsque la nuit est obscure et que le navire marche avec un peu de rapidité, les eaux de la mer, qui sont brisées par la force du choc, laissent jaillir de leur sein des milliers d'étincelles phosphorescentes semblables à des paillettes d'or. Jusqu'à présent il n'y a rien eu de bien extraordinaire en ce genre ; mais il y aura probablement telle fois où la mer tout entière sera comme un étang de feu : le vaisseau divise en s'avançant cette masse de feu, et semble tracer un sillon sur cette liquide plaine. A peine passé, le sillon se referme. Certains poissons sont aussi tout phosphorescents.

Une baleine s'est montrée dans l'Océan, à une centaine de mètres de la *Prime ;* elle soufflait avec force, et lançait au-dessus de sa tête des jets d'eau considérables.

Bien que des millions de poissons nous entourent, on n'en aperçoit pas aussi souvent qu'on pourrait se l'imaginer, ou bien ce sont toujours les mêmes, des bonites, des dorades, des thons, des requins, des souffleurs. Il y a des requins qui suivent très souvent le navire et se font, pour ainsi parler, son compagnon de route. Triste compagnon ! il recueille bien les égouts du vaisseau, mais si un homme tombait à l'eau, il ne se ferait pas scrupule de le ramasser aussi ; et, si vous lui demandez compte de sa conduite, il vous répondra froidement : « Tout ce qui tombe est pour le soldat. »

Aussi tous les marins sont les ennemis jurés du requin. On le pêche, non pas pour le manger, car, à moins qu'il ne soit très jeune, il ne vaut rien, mais uniquement pour le détruire. Il faudra du temps, j'imagine, pour en purger complétement la mer. Vous êtes de mon avis, n'est-ce pas ?

J'ai vu passer sur les flancs du navire deux pilotes ; ces poissons précèdent ordinairement le requin. Il paraît donc qu'il y en a à nos trousses.

25-26 mai. — Hier notre second a lardé et hissé à bord un petit requineau de 80 centimètres environ de long ; il fallait le voir se débattant sur la dunette et sur le pont, malgré les blessures qu'il avait reçues et malgré nos respectables et honorées présences. Je l'ai examiné de près ; il n'a rien de gracieux dans sa requineuse personne : sa forme est celle de la grosse limace rouge ; sa lèvre supérieure dépasse de beaucoup l'inférieure, en sorte que, lorsqu'il veut mordre, il est obligé de se renverser sur le dos et de tourner sa tête du côté de la proie qu'il convoite. La peau de cet animal aquatique est aussi dure au toucher que la surface d'une lime.

Une seconde baleine est apparue à quelque cent mètres de nous : elle était de la grandeur de notre navire, et, comme celle dont je vous ai parlé précédemment, lançait de gros bouillons d'eau en l'air, de sorte que l'on pouvait aisément suivre sa course.

Nous sommes toujours saisis par le calme ; le ciel se rembrunit de temps à autre ; des éclairs superbes déchirent les nuages, et tout fait présager la pluie et la foudre, qui, dit-on, est terrible sur mer. Dans son dernier voyage, la *Prime* a eu un mât foudroyé, mais heureusement personne n'a été atteint d'une manière dangereuse.

Nous sommes, pour notre position géographique, à l'entrée du golfe de Guinée. Notre horloge varie déjà considérablement sur le méridien de Paris, car nous sommes sur lui en retard de plus d'une heure et demie. Nos jours, au lieu d'aller, comme chez vous, en croissant le matin et le soir, vont en diminuant d'une manière sensible. C'est à peine s'il fait jour à cinq heures et demie le matin, et le soir à six heures il est nuit ; l'aurore et le crépuscule sont aussi plus courts de beaucoup.

La chaleur continue ; notre capitaine nous a arrangé une

baignoire avec un large tonneau. Je prendrai un bain dedans demain matin à quatre heures. Si le calme continue, j'espère, au moment où il n'y aura pas la moindre agitation dans l'eau, prendre un bain en plein Océan, au moyen d'une large voile que l'on plonge dans la mer et qui est soutenue par ses extrémités, afin de ne pas courir de danger; cette voile, d'ailleurs, signifie pour messieurs les poissons : « Passage interdit au public. » Je ne voudrais pas me voir frotté par les dents d'un requin, voire même par une baleine.

Nous avons recueilli sur les flots de la mer de petits coquillages en voie de se former.

Le capitaine et le P. Renevier sont allés hier matin faire un tour sur la chaloupe, à quelques hectomètres du navire; M. Goujon voulait juger de l'effet de sa mâture.

Ce soir il pleut, mais trop légèrement pour permettre de recueillir de l'eau : cette provision d'eau nous serait fort utile, car depuis notre départ de France il s'est consommé à bord, entre les animaux, l'équipage et nous, près de 2,500 litres d'eau douce.

Deux vaisseaux retournant en Europe nous ont presque effleurés; mais il était déjà nuit close. Sans cette circonstance, je vous aurais envoyé deux mots de nouvelles.

27 mai. — Il paraît que décidément notre voyage sera long. Le capitaine ne se cache pas pour le dire, et cela plus d'une fois; et, ne le dirait-il pas, le fait n'en serait pas moins vrai et certain. Les calmes, l'absence de brise constante, le peu de temps que nous avons gardé les vents alisés, en sont cause. En revanche, nous avons eu la consolation de célébrer presque chaque jour, et souvent plusieurs fois par jour, le saint sacrifice de la messe. — Béni soit notre Seigneur de cette grâce qu'il nous fait! c'est la plus grande consolation que nous puissions avoir au milieu de ces calmes qui nous retardent et allongent notre route.

Dès aujourd'hui, nous pouvons affirmer avec assez de
fondement que notre traversée, au lieu d'être d'environ
cent jours, sera d'environ cent-vingt jours. Que la volonté
de Dieu soit faite !

28 mai. — Nous avons célébré aujourd'hui, en union
avec toute la sainte Église catholique, épouse chérie du
S. Esprit et notre bonne mère, la belle fête de la Pentecôte.
— O saint Esprit, descendez dans mon cœur; venez, hâtez-
vous, servez-moi de guide, de lumière; soyez mon bonheur
et ma consolation !... Enflammez mon pauvre cœur de l'amour de Dieu; servez-moi de bouclier contre les embûches de l'ennemi, qui rôde sans cesse cherchant à nous
dévorer, et constituez mon âme dans une paix perpétuelle !
Nos deux premières messes étaient à peine terminées,
que la voix du capitaine, se faisant entendre, nous annonça
qu'il y avait un vaisseau en vue, et que l'on pouvait préparer des lettres pour la France. Bien vite chacun se met
à l'ouvrage : pour ma part je vous écrivis quelques lignes,
ma bonne mère, pensant vous être agréable en vous apprenant combien la mer nous favorisait, ou plutôt combien
le bon Dieu écartait avec sa douce providence les moindres
dangers que nous pouvions courir, et nous conservait tous
en bonne santé.... J'écrivis également à un de mes amis de
Paris pour quelque commission que j'avais à lui donner;
et quand tout fut fini, on réunit en faisceau les lettres sous
une même enveloppe, et on songea à les porter à bord de
la goëlette française qui se dirigeait du même côté que nous.

Le déjeuner n'avait pas encore eu lieu, et il restait encore la grand'messe à chanter; on se résolut à engager le
capitaine de la goëlette à venir déjeuner à bord de la *Prime*

et à venir entendre la sainte messe. Je demandai à faire moi-même cette invitation, ce que M. Goujon m'accorda, quoique difficilement, à cause d'un grain qui paraissait vouloir se former à l'horizon.

On se hâte, l'embarcation ou yole est mise à la mer, et le second y était à peine descendu, que je m'y glissais moi-même à l'aide de cordages, le long du flanc de la *Prime*, avec toute l'habileté d'un vieux marin. La goëlette était à plus de trois quarts de lieue derrière nous. Le ciel était un peu obscur, la mer calme, et quelques rayons d'un chaud soleil d'Afrique, traversant péniblement les nuages, venaient se refléter sur la surface un peu noirâtre des lames. Deux rameurs étaient sur l'avant de la yole, l'un devant l'autre. Leurs rames frappent l'eau en cadence et la font rejaillir de côté et d'autre; le second tenait le gouvernail, et moi je songeais. Pareille aux flots, ma pensée glissait d'un objet à un autre, et mes yeux, tantôt fixés sur le ciel, tantôt sur l'horizon, maintenant sur la *Prime*, une minute plus tard sur la mer, dans les entrailles de laquelle ils eussent voulu pénétrer, s'égaraient comme les songes de mon âme. Je fus ramené à la touchante solennité du jour par l'apparition d'un gros oiseau, qui, pareil à la colombe, emblème du S. Esprit, planait sur les vagues. Il était tout blanc comme la colombe, quoique un peu plus gros, et ses deux ailes étaient déployées de telle sorte, qu'à peine il paraissait faire le plus petit mouvement. Cette vue me fit plaisir.

Cependant la distance disparaissait sous les efforts de nos vigoureux rameurs; nous n'étions plus qu'à quelques minutes de la goëlette, tandis que la *Prime* n'apparaissait au loin que semblable à un immense coquillage bercé par l'écume de l'Océan. Son pavillon flottait au gré des vents, qui pourtant étaient faibles. La goëlette avait hissé le sien, et à notre vue tout l'équipage se précipita sur le pont pour savoir qui nous étions et ce que nous demandions. Le capitaine et son second nous attendaient également. Nous abordons enfin, on nous jette des cordages pour nous amarrer, et, sur l'invitation du capitaine, nous nous hissons à bord. Rien de plus affable que la réception qu'il nous fit : il nous remercia de nos offres, nous disant que ce serait pour lui un grand bonheur de venir chez nous assister à la sainte messe, mais que dans les parages du Pot-au-Noir, où la mer est très inconstante, et avec l'apparence de grains qu'il y avait à l'horizon, il lui était impossible d'abandonner un instant son vaisseau. C'était en effet bien prudent, car l'horizon devenait de plus en plus noir. Nous descendons cependant à son carré pour nous rafraîchir; nous fumons de concert une cigarette, et, avertis que la *Prime* nous faisait signe de revenir (on y avait même tiré des coups de fusil), nous reprenons le chemin de notre yole après avoir serré les mains du capitaine et du second, emportant de leur part un vase de préparation à limonade qu'ils envoyaient aux religieuses que nous avons avec nous. Cette goëlette portait le nom de *Lucie*, capitaine Azéma, du port de Cette près Marseille. Elle arrivait chargée des côtes d'Angleterre, et se rendait à Rio-Janeiro. Dans quinze jours elle y sera arrivée, et c'est de là que nos lettres reviendront en France. Nous passerons nous-mêmes tout près de la côte du Brésil.

Cependant le temps devenait de plus en plus noir. Nous faisions force de rames pour arriver avant la pluie. Peine perdue : quatre ou cinq minutes avant d'être à bord, une pluie torrentielle se mit à nous inonder. Nous arrivons enfin, et, pour nous consoler de cette baignade *ab impromptu,* on nous sert un excellent déjeuner. Le capitaine me dit alors qu'il avait été inquiet de nous voir si longtemps absents, non pas qu'il y eût péril de mort pour nous (il ne m'aurait pas laissé partir avec le plus petit danger), mais parce que le grain pouvant amener du vent, notre absence l'eût forcé à manquer l'occasion de faire un peu de chemin. Le grain se résolut en fin finale en une pluie immense, mais rien de plus. Comme nous avions déjà fait grande consommation d'eau depuis notre départ de France, il fallut profiter de la circonstance pour renouveler les provisions.

Il n'est rien d'aussi amusant sur mer que le remue-ménage qui s'établit à bord quand une forte averse vient à tomber : à toutes les encoignures on place des tonneaux, défoncés sur leur partie supérieure, avec des tuyaux de descente destinés à favoriser l'écoulement des eaux ; cela fait, on bouche tous les trous. Tous les marins, en costume ciré, sont épars sur le pont pour faire la manœuvre ; ils prennent là un bain de pied un peu soigné, attendu qu'au bout d'une demi-heure l'eau peut atteindre un demi-pied de hauteur. Les canards, eux aussi, sont sortis de leur cage. Ces pauvres bestioles ne se sentent pas de joie, après une longue privation d'eau, de se retrouver enfin dans leur élément ; ils chantent, ils battent des ailes, ils plongent le bec dans l'eau et font encore mille autres gentillesses pour témoigner de leur joie. Le jour de pluie est aussi, à bord, le jour du lavage général et de la grande lessive. Tout le linge sale est transporté sur le pont ; le mousse s'en empare, s'arme d'une sorte de pierre plate et se met à frotter de tout son courage. Cette opération achevée, on hisse le linge sur les cordages ; le soleil se montre, et, à la température que nous avons, c'est l'affaire d'une heure pour que tout cela soit séché. Il est entendu qu'ici on se passe facilement du repasseur. Les bonnes Sœurs que nous avons avec nous sont très complaisantes, comme on peut se l'imaginer. Elles soignent notre linge, raccommodent nos soutanes, et au be-

soin les nettoient, comme elles l'ont fait pour moi. Au reste,
que ne feraient-elles pas pour leur confesseur et directeur !

29 mai. — Le soleil devient d'une rigueur insupportable;
à coup sûr il nous prend pour des Africains, et nos teints
basanés ne sont point faits pour le dissuader... Ses rayons
tombent à plat sur nos figures, la sueur ruisselle sur nos
barbes, et l'on se tourne en vain de côté et d'autre pour
trouver un mètre carré d'ombrages. Heureusement le capitaine a fait installer une tente sur la dunette, moyennant
quoi il nous est permis de vivre. Ces derniers jours, cette
chaleur n'était tempérée par rien, car il n'y avait pas un
bout de brise pour nous rafraîchir. Aujourd'hui nous avons
atteint les vents généraux, et ces vents venant à nous ca-
resser en même temps que les rayons du soleil, on ne trouve
rien de pénible dans la chaleur.

La journée d'aujourd'hui a été marquée par un accident
à mon préjudice. Étant après mon dîner occupé sur la dunette à regarder du côté de l'Europe, une bouffée de brise,
sans respect pour le droit des gens, m'enleva malhonnête-
ment mon chapeau de dessus la tête, s'en coiffa elle-même
et s'enfuit à tour de bras ou de jambes, comme vous pré-
férerez. Quelle hardiesse ! Si quelque requin avait la bonne
idée de le manger, ce pauvre chapeau, et de venir ensuite
mordre à nos hameçons, nous le retrouverions dans son
ventre. Ce coup de temps est arrivé autrefois à un de nos
matelots : son bonnet était tombé à l'eau ; quelque temps
après, il le retrouva intact dans le ventre d'un requin.

30 mai. — A huit heures du matin, nous avons passé
la ligne ou l'équateur. On nous respecte trop ici pour que
l'on ait songé à nous administrer quelques seaux d'eau par
la tête, ce qui constitue le baptême de la ligne. Notre maître

d'hôtel, jeune homme de Bordeaux, qui passait la ligne pour la première fois, fut seul arrosé de quelques litres d'eau. Il en fut quitte pour changer de costume, et dorénavant il a le droit de passer en ces parages sans recevoir une goutte d'eau. Pour témoigner que nous n'étions pas insensibles à la marque de respect que l'on nous avait donnée, nous fîmes distribuer à l'équipage la valeur de trente francs, cinq francs par tête. Les sœurs en firent autant de leur côté, et de la sorte chacun fut satisfait.

Le passage de la ligne n'a pas été favorable à tout le monde. Le petit chevreau que nous avions fut pris d'un accès de vertige qui le fit danser, sauter, gambader un instant, après quoi il poussa sans trop d'effort le dernier de ses soupirs. Son triste cadavre fut jeté tristement par-dessus le pont et s'en alla en dérive dans l'onde amère, dirigeant sa course vers la France, sa patrie. — Puisse son voyage être heureux ! — Nous perdons aussi une quantité considérable de poules. Ces pauvres bêtes deviennent aveugles, et puis, par un beau soir elles crèvent sans pitié. On les prend le matin et, pour leur peine, on les lance en pâture aux poissons.

A ce propos, et pour remplacer en quelque sorte les têtes perdues, un magnifique poisson, appelé dorade, à cause de la couleur de sa peau, a mordu ce soir à l'hameçon. En quelques instants il fut halé à bord, dépécé et cuit. Il pesait dix livres. Sa chair est aussi délicate que les couleurs de sa peau sont brillantes et la forme de son corps gracieuse.

1ᵉʳ juin. — La journée d'hier n'a été marquée par rien de notable. La rapidité de la marche du navire, jointe à son inclinaison, ne nous a pas permis de dire la sainte messe, ce qui nous aurait cependant fait un bien grand plaisir en nous donnant de clore par le saint sacrifice le bcau mois de Marie. Nous avions commencé ce beau mois sans solennité, nous l'avons terminé de même et forcément. Le même jour nous avons inauguré le mois du Sacré-Cœur.

Ce matin encore point de messe. Tandis que je faisais ma méditation, de suite après mon lever, je fus distrait par le magnifique tableau qu'offre sur mer le soleil au moment où il paraît sur l'horizon. Quoique ce spectacle ne vaille pas celui qui m'extasiait lorsque j'étais en Savoie au haut de la montagne d'Épine ou de la Dent-du-Chat, cependant il était digne de fixer l'attention. Comme on n'a ici que la mer pour tout horizon, il est évident que le soleil paraît sortir de son sein lorsqu'il se lève. Tout à coup les petits nuages, la petite brume qui bordent l'horizon disparaissent comme par enchantement, ou bien, s'élevant un peu au-dessus, réfléchissent les rayons et deviennent tout diaphanes sous des flots de lumière. La mer à son tour sert de miroir réflecteur et reproduit dans son sein l'image du soleil. Au bout de quelques minutes, l'astre poursuivant majestueusement sa course, sa lumière nous est interceptée en partie par un gros nuage : rien de plus joli, de plus gracieux que la tableau offert aux yeux! On ne peut se le mieux figurer qu'en se représentant en grand l'emblême sous lequel on désigne la Sainte-Trinité : le nuage formait un triangle lumineux, et des nappes de rayons se coupant à angle fort aigu en sortaient et descendaient jusqu'au fond de l'eau. Le même spectacle se reproduit pour le coucher du soleil. Les nuages qui bordent l'horizon prennent une teinte rosâtre que les peintres s'efforceraient en vain de saisir et de fixer sur leurs toiles. Après un instant, tous ces nuages, se divisant, se séparant les uns des autres, prennent différentes figures d'hommes, d'animaux, que l'on s'amuse à regarder avec beaucoup d'attention et d'in-

térêt, tant on sent le besoin d'avoir un petit brin de distraction en dehors du navire et de l'eau qui le porte.

Depuis les grosses chaleurs, nos cabines sont presque
inhabitables ; c'est à peine si l'on y peut respirer. Toutes
les fenêtres et la claire-voie qui communique à la dunette
sont cependant ouvertes; n'importe! à peine y est-on entré
que des flots de sueur inondent tout le corps, et ce n'est
qu'après bien des tours, des détours, des agitations sur
l'étroit espace qu'occupe le matelas, que l'on repose un peu
et que l'on goûte un peu de sommeil.

2 juin. — Le capitaine, pour parer aux inconvénients de
la trop grande chaleur, a fait installer des hamacs sur le
pont. Le hamac est une pièce de toile de la longueur du
corps, que l'on suspend par ses extrémités. On se hisse
là-dedans comme faire se peut, et voilà que des balancements perpétuels endorment bien mieux que toutes les in-
dustries de toutes les nourrices de l'Europe, voire même
des quatre autres parties du monde. Le moyen de n'y pas
bien dormir ! Ajoutez que l'air n'est pas gêné pour sa cir-
culation, attendu que le hamac est exposé à la belle étoile;
c'est à peine si le manteau de deux ambarcations peut
protéger contre les vents et les pluies. Aussi, s'il vient à
pleuvoir, tous les habitants des hamacs sont obligés de dé-
camper et de chercher refuge ailleurs, emportant sur leurs
bras leurs oreillers et leurs couvertures. Si vous saviez
comme l'on est piteux en pareille occurrence! Outre les hamacs, on peut encore trouver un peu de repos sur un petit
bâtiment qui sert de dépense et qui porte le nom de rouffle.
On met sur le toit de ce bâtiment de nombreuses voiles, et
l'on s'étend là-dessus comme on peut. On ne s'endort pas
du premier coup, bien entendu : le bruit des flots qui cho-
quent les flancs du navire, la conversation des officiers de

quart, les commandements de la manœuvre, tout cela endort à rebrousse-poil, c'est-à-dire tient bien éveillé ; mais avec de la patience et de la bonne volonté, on vient à bout de s'accoutumer à ce tapage.

4 juin. — Les vents généraux continuent à nous pousser vigoureusement ; malheureusement ce n'est pas en droite ligne. Si nous continuons de courir dans la même direction, nous allons sous peu tomber, la tête la première, sur les côtes du Brésil ; nous n'en sommes guère éloignés actuellement que d'une centaine de lieues, c'est-à-dire d'une journée seulement de route. Nous sommes maintenant vis-à-vis Pernambouc. Jamais notre capitaine n'avait été poussé si avant par la brise, et notre route était de passer tout près de l'île de la Trinité, à deux cents lieues au large. Si nous avions passé près de cette île, qui est inhabitée, nous serions allés, moyennant beau temps, faire un petit tour dans sa baie, afin de respirer un peu l'air de la terre. Cette consolation nous est ôtée d'une manière définitive ; il faudrait, pour se la passer, rebrousser chemin.

Nous avons eu aujourd'hui en vue un vaisseau, mais nous n'avons pas télégraphié avec lui, à cause de la distance trop forte qui nous séparait. Désormais je ne pourrai plus vous donner de mes nouvelles par la voie des navires qui passent à portée de nos signaux, car ces lettres n'arriveraient guère plus tôt qu'en les mettant à la poste de suite à mon arrivée à Pondichéry.

Deux dorades ont mordu à nos hameçons, mais n'ont pas eu la bonne idée d'y rester pour se faire larder. Nous les aurions volontiers invitées à dîner avec nous.

5 juin. — Lorsque la mer est grosse, un des inconvénients à bord est de ne pouvoir pas manger tranquillement.

Tout remue, tout bouge. Il est vrai que l'on se sert alors de la table à roulis, c'est-à-dire que l'on adapte à la surface d'une table ordinaire un grillage en bois, haut d'un bon demi-décimètre, destiné à protéger les verres, les assiettes, les bouteilles et les plats contre les secousses du navire. Malgré ces précautions, il est de tels soubresauts que tout part à terre, les hommes et les choses. Gare à la soupe, gare aux plats fournis de sauce, et par conséquent gare aux habits en pareille circonstance !

6 juin. — Rien de nouveau aujourd'hui.

7 juin. — Quelle joie, quelle solennité dans la sainte Église de Dieu ! La fête du Saint-Sacrement, c'est-à-dire la fête la plus douce, la plus aimable, la plus consolante que l'on puisse imaginer ! Les enfants de Dieu chantent aujourd'hui les plus beaux cantiques d'amour ; tous les esprits sont dans l'allégresse ; tous les cœurs se baignent dans la suavité des célestes plaisirs ; tous les chrétiens, les vrais chrétiens, n'ont qu'une âme et qu'une voix pour dire *amour à Jésus !* Amour à ce Dieu d'amour qui se prodigue ainsi envers les hommes, qui se donne à eux tout entier, se fait leur nourriture et leur breuvage. Exilés sur l'immensité des mers, loin de toute église, dénués de tous moyens de célébrer avec pompe cette belle fête, qui est spécialement la nôtre, que pouvions-nous faire, nous, si ce n'est nous unir d'intention à toute l'Église, joindre nos voix à sa voix, nos cœurs à son cœur, notre amour à son amour ! Il nous était impossible ici de mener triomphalement Jésus-Hostie par les rues et les places publiques ; l'eau seule nous entoure de tous côtés. Point de processions ! point de tentures ! point de roses ! point de ces petits angelots revêtus de leurs robes blanches et de leurs ailes dorées, laissant échapper de leurs poitrines innocentes des chants de jubilation, des cris de tendresse et d'amour! Cependant notre modeste chapelle brille plus que d'habitude; l'autel a pris ses décorations les plus gracieuses; le plancher de la salle est garni de pavillons, et toutes les cloisons sont aussi couvertes de drapeaux de diverses couleurs. C'était à mon tour à chanter la messe, et certes je ne l'aurais pas cédé pour beaucoup, ce tour. Le capitaine, les officiers, tous les gens de l'équipage qui n'étaient pas employés à la manœuvre, assistèrent dévotement au saint sacrifice, comme ils le font du reste tous les dimanches, les jours de fête, et quelquefois même la semaine. Une journée superbe vint nous favoriser : le calme de la mer invitait à la méditation, et le soleil le plus doux se reflétait dans l'azur des flots de l'Océan. C'est encore à moi à dire la première messe dimanche prochain; puisse le temps nous favoriser comme aujourd'hui! La joie a régné à bord toute la journée; dans l'après-midi nous avons chanté les vêpres, et maintenant il ne nous reste qu'à remercier le Dieu d'amour de toutes les grâces qu'il nous a accordées.

8 juin. — Hier au soir plusieurs navires sont passés à portée de notre vue. Croiriez-vous que sur mer un des principaux dangers c'est le choc entre deux vaisseaux? Il semble d'abord que, eu égard à l'immensité de l'Océan, ces sortes de rencontres doivent être extrêmement rares. Cela arrive cependant assez souvent, et la *Prime* a pour sa part été rencontrée, ou, pour m'exprimer en marin, a été abordée une fois déjà, avec une force telle qu'elle a été démâtée au niveau du pont. Jugez des avaries que doit causer un pareil abordage : il arrive souvent que le plus petit des navires est coulé à fond comme une embarcation de pilotes. Pour prévenir des accidents aussi fâcheux, il y a toujours, la nuit, un homme de surveillance sur le gaillard d'avant, ce qu'on appelle l'homme de bossoir. Si la nuit est trop obscure pour permettre à la vue de découvrir ce qui pourrait mettre obstacle à la marche du navire, on illumine un fanal sur le mât de beaupré, qui s'avance le plus dans la mer. Ces coutumes et ces mesures de précaution se remarquent sur tous les navires.

A la tombée de la nuit on a pêché un requin de moyenne grosseur. J'ai bien cherché si mon pauvre chapeau de paille ne serait point dans ses entrailles, mais je ne l'ai pas trouvé, et je crois qu'il me faut en faire le sacrifice.

Le calme continue de nous forcer à rester stationnaires; qnand donc viendra la bonne brise? Prions Dieu de nous l'envoyer.

11 juin. — Hier, dans l'après-midi, nous avons passé le tropique du Capricorne; nous sortons également de la zone torride pour rentrer dans la zone tempérée. Depuis le passage de l'équateur nous sommes dans l'hémisphère sud du globe; de nouvelles constellations brillent aux cieux ; il y a en particulier celle que l'on appelle la Croix du Sud : elle est formée de cinq étoiles formant une croix assez régulière. D'autre part l'étoile polaire ne nous est plus visible, cachée qu'elle nous est par la terre elle-même. Nous la retrouverons à Pondichéry, car Pondichéry est dans l'hémisphère nord du globe aussi bien que Chambéry, et par conséquent nous recouperons encore une fois la ligne pour y arriver.

Pendant la nuit, la mer est devenue très grosse. Le roulis du navire était extraordinaire; aussi, chacun, balotté dans son lit comme un duvet livré au vent, se hâta de mettre la planche de précaution, appelée planche à roulis. Cette planche protége contre les descentes involontaires, autrement dites les chutes de son lit. Les assiettes renfermées à l'office, les verres, tout, en un mot, ce qui n'est pas attaché et fixé soigneusement, se casse, se précipite, se heurte et se brise. C'est un cliquetis perpétuel; c'est un vacarme interminable. Au beau milieu de la nuit, il n'est point rare d'être réveillé en sursaut par le tapage de la vaisselle qui prend un billet de parterre; les chaises se promènent en long et en large avec la plus entière liberté du monde. Les hommes de quart, au sein de ce remue-ménage, ne sont point, vous vous l'imaginez sans peine, trop solides sur leurs bases. Bien des fois ils prennent sur la dunette ou sur le pont mesure de leurs culottes : c'est un des avantages du métier. Que voulez-vous ! il n'y a pas de roses sans épines. Il n'y a pas jusqu'à une sorte de mandoline, dont je joue de temps à autre pour rompre la monotonie de mes vastes loisirs, qui n'ait fait son saut périlleux. Tandis que j'étais occupé à écrire cette relation de mes faits et gestes, je l'ai entendue se précipiter du haut de ma cabine, où elle était amarrée tant bien que mal, sur le plancher de ma chambre. Je me hâte de la visiter : inspection faite, je crois qu'elle en sera quitte pour la peur.

De mon côté, j'ai voulu prouver que je n'étais pas insensible au roulis. Un matin, comme je m'occupais de faire clopin-clopant ma méditation en me promenant sur la dunette, j'ai glissé deux fois de suite sur mes bases avec beaucoup de sans-gêne. Je crois depuis ce temps-là que le navire est solide; sans cela il serait à l'heure qu'il est complétement défoncé, car j'y suis allé d'estoc et de taille. Le soir je me ressentais encore du coup; aujourd'hui il ne m'en reste qu'une douce souvenance. Si, dans les parages où nous sommes, il y a déjà un tel mouvement, que sera-ce donc dans quelque quinze jours aux environs du cap de Bonne-Espérance? c'est alors qu'il y aura du nouveau. Patience, qui vivra verra.

22 juin. — La qualité du temps que nous avons eu ces derniers jours ne m'a pas permis de travailler à ma relation de voyage. Depuis le 11, une brise superbe enfle nos voiles. Le navire glisse et saute tour à tour sur la crête des vagues; on voit au loin la mer blanchissante et écumeuse, fouettée par le vent comme par une main puissante. Le ciel a perdu sa sérénité; de gros nuages gris tapissent l'horizon et le couvrent comme d'un manteau de bure. La nuit, des éclairs sillonnent l'espace comme des rubans de feu et semblent présager l'orage. Aussi bien nous sommes dans les parages à tempêtes, c'est-à-dire nous approchons de plus en plus du cap, que probablement nous doublerons avant dix jours. Soyons donc prêts.

Tandis que vous jouissez des plus belles journées de votre été, et que le soleil vous éclaire près de dix-huit heures sur vingt-quatre, nous, gens de peu d'ambition, nous marchons à pas de géant vers l'hiver. Depuis le passage du tropique du Capricorne nous avons ressenti graduellement un refroidissement de température. Aujourd'hui il fait assez froid pour que chacun ait cru devoir s'habiller en hiver..... Il n'y a plus moyen de rester toute la journée sur la dunette; on trouve même que l'air d'en bas n'est point trop réchauffé. Je suis entouré de ma robe de chambre comme d'un rempart capable de faire peur à des montagnes de glace, et c'est tout au plus si j'ai raisonnablement chaud. A mesure que nous approchons du cap, ce froid sera bien plus sensible encore; nous aurons de la glace tant et plus : c'est un mois de juin bien extraordinaire sous ce rapport. Sur mer, la froidure est beaucoup plus gênante et fait beaucoup plus souffrir qu'à terre; nous avons encore huit degrés de chaleur, et il me semblerait pourtant qu'il y a deux degrés au-dessous de zéro. Il est vrai que la brise y est pour quelque chose : elle est littéralement glaciale; ce qui ne doit point nous étonner, car si nous voulions nous détourner de 150 à 200 lieues, nous serions dans les mers de glace, ou du moins nous trouverions déjà des banquises ou montagnes de glace.

Le froid seul ne suffirait pas pour nous empêcher de prendre l'air sur la dunette ou sur le pont; la mer y est pour quelque chose. A tout instant des vagues superbes, choquées par les flancs du navire et par la lame, se heurtent en tous sens, s'élancent en l'air et retombent à plat sur le navire, qu'elles inondent complétement. Les matelots, abrités sous de vastes caoutchoucs, qui leur cachent depuis l'ongle des pieds jusqu'à la dernière extrémité de leurs cheveux, s'en moquent fort à leur aise ; pour nous et pour nos Sœurs surtout l'embarras est sérieux. A chaque ondée, il faut aller se changer de pied en cap, et, s'il nous fallait recevoir cet arrosage gratuit cinq ou six fois par jour, nous serions peut-être fort en peine pour nous trouver des habits. Notre garde-robe est très modique, et il est malaisé de trouver ici des marchands d'habits confectionnés. De plus le roulis et le tangage sont fort sensibles sur la dunette ; il faut s'y tenir bon si l'on ne veut pas chavirer. Au moment où j'écris ces lignes, au clair d'une pauvre lampe, et tandis que tous les passagers dorment tant bien que mal en leurs cabines, ce mouvement est si fort que tout tremble à l'entour de moi. Il est dix heures et demie du soir; la lune brille au dehors, le vent commence à siffler à travers les cordages.....

..... Allons!..... encore un coup terrible de roulis!..... mon encrier s'est jeté en arrière, et l'encre s'est répandue sur le banc. Je serai obligé de renvoyer à une autre fois la suite du présent numéro. Bonsoir, bonne mère, bonsoir ! Je vais faire ma prière, et puis je m'étendrai sur mon matelas tout habillé, comme un guerrier la veille d'une bataille. Tout en m'endormant bercé par les flots, je réciterai quelques dizaines de mon chapelet : la première sera à votre intention. Bonsoir! bonsoir! ..... Qui sait? peut-être en respirant un peu d'air frais à quelqu'une de vos fenêtres, votre esprit me suivant pas à pas, et votre œil surveillant tous les mouvements que je fais, peut-être, de votre côté, me faites-vous le même souhait; et peut-être encore, si je ne me trompe, vos lèvres murmurent une prière à la Reine des anges ou au Cœur très sacré de Jésus. Priez, bonne mère, oh oui, priez; la prière donne du cœur, comme dit le poëte, et le pauvre enfant que Dieu vous a pris a tant besoin que l'on se souvienne de lui en présence du Très-Haut!...

> L'air était froid, ma mère,
> Oh! comme il était froid!
> La brise était amère..., etc.

26 juin, vers 10 heures du soir. — Sans doute, ô ma bonne et tendre mère, le 24 juin fut, à Chambéry et à Novalaise, un jour plein de joie et de suaves parfums; les rayons du soleil furent doux, la brise fraîche après le poids de la journée, le murmure des petits ruisseaux agréable à l'oreille. Le chant du pâtre devait résonner sur la montagne, et l'écho de vos vallées ombreuses devait redire la chansonnette du berger. Tandis que vous jouissiez en paix des ombrages des bois touffus et de la mélodie des campagnes, votre pauvre enfant, livré à la fureur de la mer et à l'impétuosité des vents déchaînés, subissait dans les parages du cap de Bonne-Espérance une tempête horrible, et, s'il est encore en vie, vous n'avez qu'à remercier du fond de votre cœur le bon Seigneur Jésus et Marie, notre douce Mère. Voici en somme le récit de nos aventures :

Le 23, sur l'après-midi, la brise fraîchit d'une manière

insolite. La *Prime*, chargée de toile, filait bon train. Toute la journée se passa à préparer la fête de notre capitaine, qui s'appelle Jean, et certes nous ne pensions qu'à nous divertir. Déjà le 17 courant nous avions fêté l'anniversaire de sa naissance. Armé d'une demi-paire de gants, orné de ma gracieuse figure, et couronné de tous les lauriers de l'éloquence, je lui avais déclamé un compliment qui n'était qu'à moitié de ma composition ; de son côté, le P. Renevier, mon cher confrère, avait enfourché Pégase et poussé une promenade jusque sur les plus hauts sommets du lyrique Parnasse. Des vers pleins d'harmonie coulaient de sa bouche, et des flots de musique se répandaient dans la salle à manger. L'on avait beaucoup ri, et l'on se promettait une soirée du même genre. Elle eut lieu en effet, mais sans verve et sans entrain. Un nuage d'inquiétude voilait la figure du capitaine et du second, son cousin ; on semblait pressentir ce qui devait arriver. Pendant les souhaits de bonne fête, de grosses nues, dentelées comme les ailes de la chauve-souris et noires comme les plumes d'une mouette, couvrirent l'horizon. Bien vite on se met à serrer les voiles et à prendre toutes les précautions ; sur les dix heures tout le monde va se coucher. Comme c'était un samedi, je m'étais confessé selon mon habitude au P. Daugaron ; je pouvais donc dormir tranquille après m'être recommandé à Dieu. J'étais loin, du reste, de soupçonner ce qui devait arriver. La tempête commença à se déchaîner vers minuit ; le vent,

Le plus terrible des enfants
Que le nord eût porté jusque-là dans ses flancs,

soufflait comme un forcené à travers la mâture et les cordages ; ces cordages sifflaient d'une manière effrayante ; de gros paquets de mer embarquaient à tous moments sur le pont et sur la dunette. Avec tout cela la nuit était d'une obscurité incroyable. Tout le tapage de cette bourrasque ne m'empêcha point de dormir. Je m'éveillai sur les six heures et demie du matin (nous sommes ici dans les jours les plus raccourcis). Je m'aperçus tout de suite de ce qui se passait. Comme, jusqu'à présent, je n'avais point vu la mer en état de tempête, je montai sur la dunette pour voir ce tableau nouveau pour moi. Vous ne pouvez pas, ma mère, vous faire une juste idée du terrible spectacle qui se déroula à mes yeux. Le vent était tellement violent, que les hommes occupés à la manœuvre et les officiers de quart étaient obligés de se lier avec des cordes pour ne pas être emportés dans les coups de mer ; toute la mâture, les cordages et le corps du navire tremblaient comme une feuille d'automne agitée par l'orage. L'aspect de l'Océan est inimaginable : des vagues rugissantes, hautes comme des montagnes, se précipitaient sur nous pour nous accabler ; à peine un mètre de largeur nous séparait d'elles ; il semblait que d'une minute à l'autre nous allions périr, et, de fait, si une de ces lames était tombée sur la dunette, elle entraînait avec elle tout ce qu'elle aurait rencontré ; l'eau se serait amassée sur le devant du navire, et nous aurions coulé presque instantanément. Je n'eus pas grosse peur à la vue d'un spectacle aussi horrible ; cependant je n'osai pas fixer longtemps les yeux sur ce théâtre de désolation. Dans la chambre, on ne se parlait pour ainsi dire qu'à voix basse. Chacun semblait attendre le coup de la mort. Je ne remarquai pourtant aucune perte de courage, aucun abattement, mais au contraire beaucoup de sang-froid et de résignation à la volonté de Dieu. De temps à autre, des secousses terribles faisaient claquer les planches du vaisseau : on eût dit une forte commotion électrique. De gros paquets de mer tombaient sur la dunette avec le fracas du tonnerre. L'eau entrait dans la salle où nous étions par les sabords et la claire-voie, et l'inondait en un clin d'œil. Il n'y eut pas de déjeuner ce matin-là : on mangea seulement sur le pouce un morceau de pain et de saucisson, et personne ne songea à demander davantage. A mesure que nous avancions dans la matinée, le temps devenait de plus en plus noir et sombre. Le vent redoublait de violence, et la mer, de furie. La *Prime* ne savait plus où se mettre; il y eut tel moment où elle n'était soutenue que par ses extrémités; la lame la fatiguait de tous côtés, et la vague terrible qui la menaçait toujours sur l'arrière, était toujours plus haute et plus furibonde. Heureusement, ce vaisseau gouverne d'une manière admirable, et il filait toujours assez à temps pour que le gros de la lame ne l'écrasât pas. — Dix heures sonnent, onze heures, pas de changement. Le baromètre est toujours très bas. De la veille il était descendu de vingt-cinq millimètres environ. A onze heures et demie, un coup de mer tomba si violemment sur l'arrière de la *Prime*, et avec un tel fracas et un tel ébranlement, qu'il fit craindre qu'on fût au dernier moment. La chambre fut inondée d'eau; il y en avait jusque dans ma cabine. Une minute après, on demande à grands cris la hache! la petite hache! .... Était-ce pour abattre les mâts? Non : heureusement pour nous. On voulait couper et jeter à l'eau l'embarcation. Le coup de mer était tombé à plat sur elle. Cette embarcation était accrochée sur l'arrière du navire et suspendue par deux barres de fer grosses comme ma jambe. Eh bien! le coup fut tel que l'une de ces barres fut recourbée comme un morceau de fil de fer. Tout le fond de cette embarcation était abîmé. On la jeta à l'eau de peur qu'elle ne fît, par ses secousses, des avaries à l'arrière du navire. Pauvre yole! il était triste de la voir livrée à la tourmente de la mer : tantôt sur la crête des lames, tantôt dans des abîmes. Bien sûr que maintenant elle est toute en pièces;

la mer l'aura démolie en quelques minutes. C'est sur cette yole que j'ai fait mes promenades sur mer lorsque j'allais porter aux navires des lettres pour la patrie..... Pauvre yole ! tes beaux jours sont passés ! Un des officiers ne put, en la voyant partir, retenir ses larmes.

De onze heures à quatre heures du soir, il n'y eut pas gros changement. Cependant le baromètre était un peu remonté, et, de fait, à cinq heures, le vent était tombé de plus de moitié; la mer à son tour dégrossit sensiblement : au lieu d'un horizon borné à quelques mètres de nous par des montagnes d'eau grisâtre qui menaçaient de nous engloutir, l'œil réjoui put se promener sur un champ de plus d'un kilomètre de côté. Décidément la journée était finie; rude journée, certes ! et dont j'espère garder, non pas une douce, mais une profonde souvenance.

Bien que le gros de la tempête fût passé, le roulement du navire était encore trop fort pour qu'on se permît de manger à table. Il en fut donc du dîner comme du déjeuner : chacun s'assit dans son petit coin, et grignota ce que le maître d'hôtel du bord faisait passer. Quand nous fûmes lestés, le capitaine donna ordre de visiter les cages et le parc aux animanx; il résulta de l'enquête que plus de vingt-deux poules avaient été noyées, mais le reste jouissait encore d'une excellente santé. On répara aussi les avaries faites par les coups de mer aux bastingages bâbord du vaisseau : une planche considérable, fixée dans le navire par plus de 500 clous, avait été arrachée de la manière la plus adroite du monde. On remarque du reste souvent, dans les coups de mer, des phénomènes très curieux et que l'on ne peut imaginer. — Enfin la nuit tomba et nous enveloppa de ses ailes sombres. Malgré les fatigues de la journée, les gens de quart, entourés de leurs habits cirés et de leurs grandes bottes, durent rester sans sommeil une partie de la nuit pour les manœuvres à faire. Nous autres passagers, plus heureux, et qui ne pouvions tenir leur place à cause de notre ignorance de la manœuvre, nous gagnâmes doucement chacun sa cabine et son petit matelas.

Ainsi se termina cette tempête, ainsi se termina l'épreuve que notre divin Maître nous faisait subir pour nous donner occasion de mériter et de lui offrir le sacrifice de notre vie. Il a permis que nous fussions à deux doigts de la mort, mais non point que nous périssions. Nous eussions été les premiers missionnaires de la Congrégation qui fussions morts par naufrage, et cependant nous sommes toujours sur mer; je veux dire qu'il y en a toujours des nôtres à faire le voyage de Paris à la Chine, à la Corée, au Thibet, aux Indes et au Japon. — Bonne mère, mettez-vous à genoux et récitez en action de grâces un tout petit *Ave Maria*.

Le capitaine, dans son journal de bord que j'ai sous les yeux, a noté ceci à propos de la tempête, selon diverses heures :

« Il vente tourmente; la mer est affreuse à minuit (du 23 juin); obligé de serrer le petit hunier et de fuir devant le temps avec le grand hunier au bas-ris, la misaine avec son ris et le petit foc (espèces diverses de voiles).

« — Il vente tempête; la mer est toujours plus grosse; à 4 heures (nuit du 23 juin), les vents ont sauté au nord-ouest; il faut toujours fuir; la lame nous dévore et embarque des deux bords à couvrir le pont. (Matinée du 24), il vente toujours tempête, et la mer est plus grosse que jamais je ne l'ai vue depuis que je navigue (28 ans); le navire disparaît souvent dans les lames. » Etc., etc.

Il parle ensuite de la pauvre yole et de la fin de la tempête. Heureusement pour nous, aucune voie d'eau ne s'est déclarée; la pompe a toujours été franche, et le navire a gouverné admirablement. Tout le monde, capitaine en tête, a fait son devoir. Mais voici bien assez de paroles, pour ne pas dire trop, au sujet de cette bourrasque. Sera-ce la première et dernière? Je l'ignore.

La veille de la tempête, nous avons rencontré un navire anglais avec lequel nous avons échangé des salutations ; il faisait même route que nous. Que sera-t-il devenu, lui? J'ai songé à lui au plus fort de la tourmente : Sur ce navire, me disais-je, il y a peut-être aussi la désolation et l'inquiétude ; à tout moment il pouvait, comme nous, être abîmé par les flots. Comme la vie de l'homme est peu de chose, et qu'elle est puissante la main du Seigneur qui remue les abîmes ! *Mirabiles elationes maris !*

26 juin. — La mer est toujours grosse. On ignore s'il n'y aura pas sous peu une seconde poussée de vent. Les flots sont toujours agités; cependant les vagues sont moins méchantes, et elles n'ont plus cinquante pieds de haut comme la veille (car elles ont atteint cette hauteur). Le vent a molli considérablement. Sur le soir, la mer devient plus calme, et il n'y a plus un souffle de vent. Le froid est vif en ces parages du Cap : nous le doublons au cœur de l'hiver. Nous sommes revenus à peu près au méridien de Paris. Jusqu'ici Paris a compté son midi jusqu'à trois heures avant nous ; peu à peu nous sommes revenus à l'unisson avec lui, et dorénavant c'est nous qui allons avancer sur lui. A Pondichéry, il est environ 4 heures du soir quand il est midi à Chambéry. Dans les parages du Cap il y a toujours, au temps où nous le doublons, un ciel brumeux et une mer noirâtre. Le soleil ne paraît presque pas à cause des nuages, et nos nuits sont de quatorze heures.

27 et 28 juin. — Voici vraisemblablement l'époque où de nouveaux confrères, quittant à leur tour la bonne maison de Paris, leur famille, leurs amis, vont se lancer sur la mer inconstante et faire voile pour leurs missions. Puissent les vents leur être favorables! puissent les vagues de l'Océan s'incliner sous leurs pieds généreux! Je compte parmi eux des amis bien chers à mon cœur. Pour la plupart, ils ont reçu la prêtrise à l'ordination du 2 courant. Inutile de dire que ce jour-là nos souvenirs se sont, à plus d'une reprise, reportés à l'église St-Sulpice de Paris, où nous aussi, il y a quelques mois à peine, nous avons été ordonnés prêtres et ministres de Dieu. Remerciez Notre-Seigneur spécialement pour toutes les grâces qu'il lui a plu de m'accorder, et demandez-lui bien qu'il veille toujours sur moi, qu'il me protége et me défende, qu'il me donne le courage dont j'ai besoin pour travailler à l'édifice de ma perfection, et qu'il me conduise heureusement au port du salut. C'est à ce port désiré que je vous donne rendez-vous.

Tandis que ces bons confrères se disposent à commencer leur voyage, nous, nous poussons et continuons vigoureusement le nôtre. Depuis la tempête, la mer est devenue superbe : nous filons, aidés par une bonne brise, près de dix nœuds à l'heure. Pour charmer nos loisirs, nous tâchons d'attraper par-ci par-là de beaux oiseaux. Depuis que nous sommes dans les parages du Cap nous en avons de toutes qualités et de toutes dimensions qui voltigent à l'entour du navire, espérant trouver dans les égouts qui sortent du bord une nourriture plus solide que les vagues de la mer et plus fortifiante que son écume. Vous ne devineriez pas comment on s'en empare? ce n'est pourtant point trop difficile. Voici : on place un morceau de lard au bout d'une aiguille recourbée, on lance cela à l'eau au moyen d'une ligne, et, lorsque ces gourmands d'oiseaux veulent le manger, leur bec crochu se prend à l'aiguille; bien vite on hale la ligne et l'on s'en rend maître. Parmi ces oiseaux on

remarque le damier (ainsi nommé parce que son plumage
ressemble à la planche du jeu de dames), le pétrel, le ma-
lamok, le cordonnier, le gony, et surtout l'albatros, qui
paraît être le roi de ces contrées. C'est un oiseau blanc, au
bec crochu, aux pieds palmés comme ceux du canard et en
général de tous les oiseaux aquatiques. Ses ailes ont souvent
de trois à quatre mètres d'envergure, ce qui vous donne
une idée de sa grosseur. Quelquefois ses ailes sont, à leurs
extrémités, tachetées de noir et de rouge, de telle façon
qu'on le croirait décoré d'une paire d'épaulettes. Cette par-
ticularité lui fait donner le nom d'amiral; on le pêche à
l'hameçon comme un requin. Nous n'avons pas encore pu
nous en procurer un, mais nous avons pris deux damiers,
un gony et un dadain. Ces deux derniers avaient des ailes
larges de deux mètres; quant aux damiers, ils sont gros
comme de forts pigeons. Les religieuses qui sont comme
nous passagères à bord de la *Prime* ont fait, avec les
plumes combinées de ces oiseaux, des bouquets artificiels
d'une délicatesse incroyable.

29 juin. — Ce matin, à cinq heures environ, une heure
avant six heures, et soixante minutes après quatre heures,
nous avons doublé le cap de Bonne-Espérance et nous avons
fait par conséquent notre entrée solennelle dans l'Océan indien. Nous avons calculé aujourd'hui le chemin que nous
avions fait depuis notre départ, et nous avons eu pour ré-
sultat le chiffre modique de 3,000 et quelques centaines de
lieues. Encore 2,000 lieues environ et nous finirons, si
Dieu nous garde, par arriver bien portants à Pondichéry.
Saints Pierre et Paul, que nous avons fêtés aujourd'hui, nous
ont procuré un temps et une brise superbes. Cependant,
depuis quelques heures (et il est onze heures du soir environ) la mer a grossi considérablement. Est-ce encore une

bourrée, une tempête que nous devons essuyer? Il y aurait peut-être des motifs de le soupçonner; mais pour le moment je n'ai pas à m'en tourmenter, attendu que mon matelas, qui ne prévoit point l'avenir et ne s'en soucie guère, me réclame de toute la force de ses poumons. A demain donc! j'ai du reste le pied droit fatigué; un soulier trop étroit en est cause. Voici donc une bien grave et sérieuse maladie. Ah! si j'avais à avaler quelques rognures de fer-blanc trempées dans du vinaigre, je serais guéri tout de suite. Si vous trouvez que ma recette est digestible, faites-en l'essai et obtenez-moi un brevet d'invention. Vers les six heures et demie ce soir, une poulie du timon s'est rompue et a presque été remplacée aussitôt. Il vaut mieux que cela arrive maintenant que pendant un orage. — Bonsoir! je vais dormir.

1er juillet. — Ce matin, bonne mère, j'ai offert à mon tour le saint sacrifice de la messe, et votre souvenir s'est présenté à moi pendant cette sainte action. Quel plaisir, quelle douce joie, quelle ineffable consolation on éprouve à célébrer la messe à bord! Le tour arrive rarement, eu égard à Paris, où il arrivait tous les jours; et puis, en plein Océan, voir le Dieu de toute majesté descendre sur un pauvre autel fabriqué avec quelques planches grossières, surmonté de deux misérables bouquets artificiels et de deux pauvres chandeliers, dans une chambre fort modeste; ce spectacle, dis-je, est bien fait pour attendrir le cœur et l'exciter à l'amour d'un Dieu si bon et si aimable!

La tempête dont je parlais avant-hier (29 juin) a fait un *fiasco* complet; le matin tout était fini. Espérons que nous n'aurons plus à nous voir dans une circonstance aussi critique que le 24 juin; à vrai dire on n'y tiendrait pas, et le métier de marin serait par trop rude. Ces pauvres matelots

ont, vous le pouvez croire, une dure existence; je le remarque depuis que je suis à bord. Cela ne les empêche pas
de chanter de toutes leurs forces en tirant les cordages ou
en hissant les voiles; ils prétendent que ces chants leur
donnent du courage et de l'ensemble. Grand bien leur
fasse! — Moi je chante beaucoup aussi; cela fait couler le
temps comme sur des roulettes, et puis le mouvement
monotone du navire et des vagues semble y engager naturellement.

5 juillet. — Ces jours derniers il n'y a pas eu ici grand'-
chose digne de remarque : temps froid toujours, ciel couvert de gros nuages gris, dentelés comme les ailes de la
chauve-souris, et, pour plus d'étonnement encore, un
calme surprenant. A coup sûr, notre traversée est curieuse
sous ce rapport : avoir, dans les parages où nous sommes,
un calme comme nous en avons, est quelque chose qui
passe l'imagination; et si les observations solaires n'étaient
pas là pour nous rassurer, nous penserions avoir erré dans
notre route. Nous avons passé le cap des Aiguilles et le
banc de Télémaque. Aujourd'hui nous sommes par le travers du canal de Mozambique, situé entre l'Afrique et Ma-
dagascar. Mozambique rappelle saint François-Xavier, le
grand apôtre des Indes et un de nos premiers patrons. Priez
Dieu que je ne marche pas trop indignement sur les traces
de ce grand saint, et que, comme lui, j'emploie fidèlement
le temps de mon apostolat.

Il y a eu pendant une des dernières nuits une étoile filante
extraordinaire. On eût dit que le ciel entier voulait s'ouvrir,
tellement était large le sillon qu'elle a tracé, et tellement
l'arc par elle décrit était prolongé. On a eu aussi, à quelque
cent mètres du navire, une sorte de trombe ou de tourbillon
fort curieux : la mer était soulevée à un mètre ou deux de

la surface, et l'eau était rejetée à l'état de vapeur comme la fumée d'une locomotive. Ce phénomène a duré environ dix minutes, et s'est étendu successivement à une grande distance. Nous avons eu aussi des éclairs formidables; ce soir encore le ciel est tout illuminé. Parfois le tonnerre mugit dans le lointain, et des grains viennent à intervalles inégaux fondre sur nous et nous accabler sous des torrents de pluie. Nous gagnons alors bien vite la chambre, et, tout en faisant une partie de dames avec un de mes confrères, nous attendons que le ciel redevienne serein.

Nous avons imaginé un autre délassement pour les beaux jours : c'est le tir à la cible au fusil et au pistolet. Pour but nous envoyions le mousse planter une bouteille vide au bout d'une grande vergue, et puis nous faisions feu tour à tour. Inutile de dire que j'ai toujours manqué, soit au fusil, soit au pistolet; décidément ce n'était point ma vocation d'aller en campagne le fusil sur l'épaule, et Victor-Emmanuel aurait eu de la peine à faire quelque chose de moi. Le capitaine a démonté la bouteille du premier coup. J'ai ajusté un damier comme but de ma cible, et j'ai manqué de nouveau.

Ce soir nous avons remarqué un arc-en-ciel à près de huit heures de la nuit (nous n'y voyons plus à cinq heures de l'après-midi). Jamais je n'avais remarqué un phénomène semblable. Ce n'est plus le soleil qui le produit, mais la lune, qui est en ce moment en son plein. A l'heure qu'il est, dix heures ici, huit heures et quart à Chambéry environ, une grande brise vient enfler nos voiles, et nous voguons vers Pondichéry avec une vitesse de près de onze nœuds à l'heure.

9 juillet. — Que dire, bonne mère, par le temps qui court? Pas grand'chose assurément. Les journées se pla-

cent lourdement et longuement les unes à la suite des autres, comme les canes :

> Quand trois canes vont aux champs,
>   La première va devant;
> La seconde suit la première,
> La troisième vient la dernière (et le reste...).

Cependant je ne veux point nier que nous éprouvons une
bonne dose de plaisir à quitter les mauvais parages, les
grosses mers, les orages, la pluie, la grêle, les tonnerres,
les éclairs et toute la batterie de cuisine. Le Cap fuit loin
derrière nous, et avec lui les temps froids, dont on se passe
volontiers à bord. Malgré la vaste et chaude robe de chambre dont vous m'avez fait cadeau à Paris lors de votre
voyage, il y avait tel jour où je vous aurais cédé sans regret une partie de la fraîcheur que j'avais de trop, pour un
peu de la chaleur que vous aviez de reste. Patience! les
jours se suivent et ne se ressemblent pas, comme l'on dit
vulgairement. Sous peu nous rentrerons dans la zone
torride, et nous serons obligés de nouveau de nous abriter
sous des tentes, comme de véritables peuples nomades.

A propos de tentes, il me faut encore piteusement vous
narrer qu'un dernier chapeau, que l'on m'avait charita-
blement prêté en remplacement de l'autre qui était défunt,
vient encore de partir à la mer. Sur les onze heures du
soir, j'allai sur la dunette faire ma provision d'air pur avant
d'aller me hucher sur mon rayon d'armoire, qu'on décore
du nom de lit. J'étais à peine installé que voilà un coup de
vent qui arrive, et crac! voilà mon chapeau parti. Bonsoir,
mon chapeau, je coucherai dorénavant sur mes oreilles!

Nos jours commencent aussi à grandir : nous avançons
de près de trois heures sur Paris; à Pondichéry nous
avancerons d'environ cinq heures. Ainsi, quand vous vous

mettrez à table pour dîner, je songerai, moi, à manger le riz du soir avec accompagnement de café ou d'eau fraîche.

La *Prime* a encore essuyé une bourrasque, mais mille fois moins terrible que le 24 juin. Puis les calmes sont venus nous rendre visite, et enfin, depuis minuit d'hier, une bonne brise est venue gonfler nos voiles, et le navire qui nous porte file avec vitesse. Ce soir la mer est belle; toutefois l'eau embarque jusque sur la dunette, seulement par intervalle; tout glisse sous les pieds avec de pareilles ondées; aussi, il y a par-ci par-là des gens qui tombent tout de leur long, au milieu des éclats de rire des assistants, lorsqu'il n'y a pas de mal, s'entend !

Nous avons télégraphié avant-hier avec un vaisseau anglais que nous avons dépassé à la course; ce vaisseau s'appelle l'*Amiral*, parti depuis quelques jours de Table-Baie, faisant route pour Melbourne en Australie. L'Australie, vous le savez, est une nouvelle Californie pour ses mines d'or. Ce navire était peut-être chargé de chercheurs d'or. Si cela était, quelle différence, quel contraste entre la *Prime* et l'*Amiral!* Sur la *Prime*, six missionnaires, pauvres comme Job, gais comme des pinsons, ont quitté leurs parents, leurs amis, leur famille, leur patrie, le repos, et pour plusieurs le bien-être de la vie, pour s'en aller au loin à la recherche des pauvres âmes à convertir, à la recherche des épreuves, des fatigues, des peines de tout genre, des privations, du travail et de la misère. De plus, quatre pauvres filles religieuses, s'en vont, elles aussi, donner sur les plages étrangères le bel exemple de la charité chrétienne et des autres vertus; elles trouveront aussi leurs tribulations et leurs croix. Mais que leur importe de souffrir, pourvu que Jésus-Christ soit glorifié !

Sur l'*Amiral*, un tas d'hommes ont aussi fait le sacrifice de leurs amis, de leurs parents, du pays qui les a vu naître;

mais pourquoi? pour chercher un peu d'or, un peu de bien-être. S'ils savaient du moins se servir de leurs richesses pour faire le bien et travailler à leur salut avec plus d'activité, tout irait bien; mais tous ces chercheurs d'or deviennent-ils meilleurs pour être un peu plus à leur aise? je l'ignore; les mauvais se corrigent-ils, les bons croissent-ils toujours en vertus? je l'ignore. Puisse-t-il en être ainsi !

Ah! pour ne pas l'oublier, il faut, pour votre édification, vous dire qu'hier j'ai manqué me précipiter en dehors de la *Prime*. Un fort roulis me fit glisser violemment sur une cage à poulet appuyée contre les bastingages de la dunette, et si ces bastingages n'eussent pas été plus élevés que cette cage, il y avait assez de probabilité que je prenais un bain de mer suffisant pour me noyer; mais mon ange gardien m'a protégé. Un matelot a couru encore un plus grand danger ce matin même, car il a failli tomber à l'eau depuis le haut d'un mas. Ces pauvres gens sont quelquefois bien exposés lorsqu'ils sont obligés de monter par des cordages aux plus hauts points du navire. Il n'est pas trop rare qu'il y ait des accidents.

Nous continuons la chasse, ou plutôt la pêche des oiseaux marins. Le P. Brochery, qui est toujours riche en inventions, s'est fabriqué une flèche pour les percer au vol. La flèche est attachée par une grande ficelle fixée aux bastingages, afin qu'elle ne se perde pas, attendu que, ici, il n'y a pas moyen d'aller chercher ce qui tombe librement en dehors du vaisseau. Jusqu'à présent il faut dire, à l'honneur de la vérité, qu'il n'a encore rien amené à bord. Mais un damier, à qui il avait peut-être fait peur pendant la semaine, est venu hier s'abattre sur la dunette; il a été emprisonné aussitôt.

Nous approchons de jour en jour de Bourbon et de Maurice, deux îles et deux colonies, la première de la France, la seconde de l'Angleterre. Peut-être relâcherons-nous à l'une d'elles pour prendre des provisions plus fraîches. Dans ce cas nous descendrons probablement à terre quelques heures, et je pourrai vous envoyer une dernière lettre avant d'arriver à Pondichéry; car écrire par les navires serait maintenant plus qu'inutile, les lettres n'arriveraient que dans trois mois pour le moins. Nous verrons donc, dans cinq ou six jours, si nous abordons Bourbon. — Maurice n'est qu'à cinquante lieues de Bourbon.

12 juillet. — Si nous avons été contrariés par les calmes dans la première partie de notre voyage, il faut avouer que, depuis notre entrée dans l'Océan indien, c'est-à-dire depuis le jour où nous avons doublé le cap de Bonne-Espérance, le bon Dieu nous a favorisés d'une manière spéciale. De bonnes brises sont venues à notre secours pour nous faire avancer rapidement, et dès aujourd'hui nous avons atteint, paraît-il, les vents généraux, que nous garderons selon toute probabilité une huitaine de jours. En huit jours, du train dont nous allons, nous pourrons avancer de 5 ou 600 lieues marines, qui sont plus fortes que celles de terre. Bourbon et Maurice ne sont plus qu'à 150 ou 200 lieues de nous. Nous ne savons pas encore au juste si nous relâcherons à l'une ou à l'autre de ces deux îles.... Bien souvent, à l'approche des îlots de l'Océan, on trouve sur les flots de vastes amas d'herbes qui se sont dégagées du rivage et qui s'en vont où le vent les pousse : ces herbes portent le nom général de goëmon. J'en ai vu passer à plusieurs reprises le long du bord, lorsque nous étions dans les parages de Tristan-d'Acouna; mais je n'ai point vu encore celles de Bourbon.... Les damiers et autres oiseaux que j'ai signalés plus haut commencent à devenir très rares, car ils sont amateurs du froid, et nous voguons à pleines voiles vers les pays chauds. Le temps a été superbe toute la journée. Nous avons eu à déplorer la crevaison d'un pauvre lapin. Voyons ! prenez aussi vos mouchoirs.....

13 juillet. — En fait d'impressions de voyage, je viens d'en gober une qui a bien son mérite. J'étais, il y a trois quarts d'heure à peine, sur la dunette, humant l'air pur et faisant doucement la digestion de mon dîner. Tandis que je causais avec les religieuses, nos compagnes de voyage, voici qu'un énorme paquet de mer se détache de sa surface, écume, bondit, saute et retombe sur nos têtes comme un sac de plomb. En moins de temps qu'il ne m'en faut pour le dire, j'étais trempé comme un rat depuis la plante des pieds jusqu'à la plus haute extrémité de mes cheveux..... Heureusement je n'étais point seul. Ma nombreuse compagnie n'était pas plus fière que moi : les trois Sœurs, deux de mes confrères, le second, furent entièrement inondés. Bon gré mal gré, il fallut s'aller changer, la chemise y comprise. — La quatrième des Sœurs était au lit, malade d'une chute qu'elle a faite aujourd'hui, en voulant éviter un paquet semblable à celui qui nous a surpris.

Pour ce soir je renonce aux promenades en plein air, attendu que, si je me mouille une fois de plus, je n'aurais pas la faculté de me changer, mes moyens ne le permettant pas, et aucun tailleur n'étant dans le voisinage pour me fournir une soutane. Ce me sera un souvenir des vents généraux. — La brise souffle avec vigueur ; avec le même train, il ne faudrait que douze à quinze jours pour arriver à Pondichéry. — Il est décidé maintenant que nous ne relâcherons ni à Bourbon ni à Maurice, parce que nous serions détournés de notre route.

14 juillet. — Cette nuit nous allons passer entre les îles Maurice et Bourbon; nous ne verrons probablement ni l'une ni l'autre à cause de l'obscurité. Il est vrai que Bourbon se manifeste quelquefois au loin par le volcan qui existe au sommet d'une de ses montagnes, et qui lance des jets de flammes et de laves. Le volcan jouera-t-il cette nuit? c'est ce que je ne sais pas.... Ce qui est certain, c'est que nous filons avec une vélocité surprenante. Le loch, qui sert à mesurer la rapidité de la marche, a donné tout à l'heure dix nœuds et demi, ce qui fait environ cent lieues par jour. Depuis le Cap, notre voyage est étonnamment favorisé. Je disais hier que l'eau embarquait; aujourd'hui la scène a continué, mais avec moins de force.

Dans la journée nous avons vu, pour la première fois, l'oiseau appelé paille-en-queue. Il vient planer au-dessus des mâts. Sa grosseur est celle d'une grosse poule; sa couleur, blanchâtre, et, ce qui est plus remarquable, sa queue n'est composée que de deux plumes arquées, longues de deux décimètres, comme des brins de paille, ce qui, sans doute, lui a valu son nom de paille-en-queue. Le P. Renevier a fait feu sur un de ces oiseaux; mais il l'a manqué. Les matelots l'attirent sur les mâts en déposant en haut une étoffe écarlate : l'oiseau vient admirer, se pose et est fait captif. — Tout à l'heure j'ai vu la plus étonnante étoile filante que je me souvienne d'avoir vu : l'arc par elle décrit s'étend presque d'un horizon à l'horizon opposé. On a cru aussi apercevoir une comète. — Dans la matinée nous avons coupé de nouveau le tropique du Capricorne.

15 juillet. — Hier soir, sur les neuf heures, le capitaine a pris la résolution de s'arrêter à Maurice ou Ile-de-France pour vérifier son chronomètre. Les ordres sont immédiatement donnés pour serrer la toile et empêcher le navire de faire de la route; nous nous couchons, et ce matin, à cinq heures environ, on crie : Maurice! Maurice!... On se lève à la hâte, et on monte sur la dunette pour admirer la terre, que nous n'avions pas aperçue depuis Madère; et encore comment l'avions-nous vue!... A sept heures du matin, nous approchions sensiblement de la côte. Comme c'est aujourd'hui dimanche, et que la mer est belle, on dit la messe à la chambre; à sept heures et demie, j'offre à mon tour le saint sacrifice. C'était le moment où nous étions le plus près de l'île. — Mon action de grâces terminée, je montai sur le pont pour voir de quoi il tournait. L'île se déployait devant nos yeux : du côté où nous l'apercevions, ce n'était d'abord qu'une perspective de montagnes brûlées par le soleil; mais, en regardant plus attentivement, nous finîmes par découvrir, à l'aide de lunettes d'approche et même à la simple vue, des champs cultivés, des plantations de cannes à sucre, des arbres, des maisons et des usines pour raffiner le sucre. De nombreux vaisseaux se croisaient entre l'île et nous : un, entre autres, anglais, et parti de Londres seize jours avant nous, du nom de l'*Affiance* (prononcez l'*Affaïance*, c'est-à-dire, je pense, la la *Fiancée* ou l'*Alliance*), nous salua, entra en conversation avec nous au moyen de pavillons télégraphiques, et se chargea de nous signaler au port, où il allait se faire signaler lui-même. Ce vaisseau est destiné pour Colombo, capitale de l'île de Ceylan. A deux ou trois jours près, nous ferons donc route ensemble; mais, comme il ne file pas aussi rapidement que nous, nous serons arrivés avant lui. Nous avons déjà gagné seize jours de traversée sur lui depuis le départ, et ce soir, bien qu'il fût en avant de nous de trois lieues environ, nous l'avons dépassé et laissé bien loin derrière.

J'eusse bien désiré descendre à terre, mais nous aurions

perdu trop de temps. Si du moins quelques embarcations s'étaient détachées du rivage pour nous venir porter des provisions de bouche, des bananes, par exemple, de la salade, nous aurions vu des Indiens, car ce sont principalement les Indiens qui forment la population travaillante de l'île, et nous aurions pu nous faire une petite idée de ce qu'est le peuple que Dieu nous envoie évangéliser..... Mais il vaut mieux encore arriver vite à Pondichéry.

Maurice est une colonie anglaise. Autrefois elle a appartenu à la France, dont elle portait le nom ; et aujourd'hui même c'est la langue française qui y domine et qui est regardée comme la langue officielle. Le soleil y est de plomb, et encore nous y passons en plein printemps ; que doit donc être ce climat au gros de l'été ! Je ne suis plus étonné qu'il y ait des nègres sur la surface du globe, et j'ai bien de la chance si je ne deviens pas nègre moi-même sous les chaleurs de l'Inde ; ce serait curieux.

Des bandes d'oiseaux pêcheurs, aux plumes rougeâtres, nous sont apparus en face de la côte, que nous n'avons perdue de vue que depuis cinq heures du soir environ.

16 juillet. — Au moment où j'écris, nous sommes en train de passer les *Cargados*. Ce sont des bancs de rochers sortant de quatre mètres seulement de la surface de la mer, et qui sont couverts de corail. Ces bancs ont environ treize lieues de long sur trois lieues de large ; s'il faisait jour, nous pourrions les apercevoir.

L'Église célèbre demain la fête de S. Alexis : en conséquence, je souhaite bonne fête à Albert.

Dimanche prochain, je me la souhaiterai à moi-même pour Ste Madeleine.

18 juillet. — Nous venons d'essuyer une seconde tem-

pête. Pendant trente heures environ, un vent violent a re-
mué les ondes et fouetté les vagues. Cette tempête, cependant, comparée à celle du 24 juin, n'est rien, absolument
rien : le vent n'était guère plus fort, et la mer était bien
moins mauvaise. Aussi nous n'avons point été obligés de
fuir devant la tourmente ; on s'est contenté de serrer presque toutes les voiles et de se laisser aller à la dérive, se
livrant à corps perdu aux mouvements de l'Océan. Quel
tapage ! quel vacarme ! quels ballottements ! A chaque instant la dunette est inondée d'eau... Cette dernière nuit, une
vague très forte est tombée sur le pont, qu'elle a couvert
complétement. La violence de ce coup fut telle que le grand
rouffle, ou habitation des matelots, en a craqué, et l'on a
presque craint qu'il ne fût enlevé avec armes et bagages.
Cette après-midi le vent a molli ; par suite on a pu rétablir
quelques voiles et faire un peu de chemin. Ce coup de vent
est chose presque inouïe dans les parages où nous sommes.

19 juillet. — Sur les huit heures du matin, nous remar-
quâmes un changement dans la couleur de l'eau : au lieu
d'être azurée, comme elle est toujours sous un ciel pur, elle
était verdâtre et très claire. Les cartes et les observations
astronomiques indiquèrent que nous passions sur un banc
de corail, appelé le banc de Sehia-de-Malla. On jeta la sonde,
et, sous trente-deux brasses (160 pieds) de profondeur, on
trouva le fond ; la sonde rapporta même du corail qu'elle
avait brisé en tombant. Ce banc est célèbre par le grand
nombre de poissons qui l'habitent. Il suffit de filer les lignes
pour en ramener. Le vent, toujours vigoureux, et l'agitation
de la mer ne nous permirent point de faire une partie de
pêche. N'étaient ces deux circonstances, on se fût sans doute
arrêté une couple d'heures, et nous aurions pris du poisson
pour le reste de notre voyage.

Toute la journée, la *Prime* a marché avec activité. Ce soir, après notre dîner, tandis que nous prenions l'air frais sur la dunette, un grand nombre de marsouins parurent à la surface de la mer; ils bondissaient en dehors comme pour saisir une proie, et retombaient la tête la première. — Nous avons pêché un petit thon qui pouvait peser de douze à quinze livres.

Comme nous approchons du terme de notre voyage, pour me recueillir un peu et attirer les bénédictions du bon Dieu sur moi, je suis entré en retraite ce soir. J'y resterai neuf jours. — Claudius a dû, je pense, passer aujourd'hui même ses examens, et demain il entrera en vacances. Je les lui souhaite bonnes et heureuses.

29 juillet. — Ce jour, bonne mère, n'a point été pour moi un jour tout ordinaire; bien des fois ma pensée, franchissant les espaces, m'a ramené près de vous. J'assiste en esprit à la fête qui a eu lieu à la maison à l'occasion de Ste Marthe, votre bonne patronne, et, me joignant à Albert, Marie et Claudius, unissant mes souhaits à leurs souhaits, mes vœux à leurs vœux, je vous prie d'agréer aussi mes félicitations, mes sentiments de joie et mes sincères témoignages d'amour et de respect. Je n'ai pas eu la satisfaction de pouvoir dire la messe à votre intention, car ce n'était pas mon tour; mais celui qui la disait, le P. Daugaron, mon directeur et ami bien affectionné, a deviné ma pensée, sans même que je lui en eusse parlé, et a offert le saint sacrifice collectivement pour vous, pour lui et pour moi; lui-même me l'a dit après l'action sainte. Dans tous les cas, j'ai fait deux fois la sainte communion pour vous, et la première fois que mon tour arrivera de célébrer, vous aurez une large part dans mon intention.

J'ai fini ma retraite aujourd'hui même, et, si j'en crois

mon directeur, le bon Dieu m'y a comblé de beaucoup de grâces. Maintenant je n'ai qu'à attendre patiemment que l'on annonce la côte Coromandel et Pondichéry. Bien que sous tous rapports nous soyons très bien à bord, cependant je finis par me lasser de la position : à vrai dire je flâne passablement ici ; or je n'ai pas été envoyé pour flâner, manger, boire et dormir, mais pour travailler. Et puis il y a trop de distraction : jamais un moment de silence, si ce n'est un peu pendant la nuit; jamais un moment de solitude. Comment pourrait-il en être autrement? Vingt-deux personnes réunies sur un espace aussi resserré que les bornes d'un petit navire, font nécessairement beaucoup de bruit et de tapage : à chaque instant on entend commander la manœuvre; les officiers de quart causent de leur métier, les matelots chantent en tirant les cordages, les Sœurs récitent tout haut leurs offices et leurs prières ; c'est à n'en plus finir. Comme je vais me trouver heureux quand, une fois arrivé à Pondichéry, je serai tout à mon affaire dans ma pauvre chambrette! Il me semble que ce sera le même effet que j'éprouvais à Paris lorsque, après une demi-journée passée au milieu du monde, des voitures, des cris et des vacarmes de la rue, je rentrais enfin dans le calme et la paix du séminaire.

Cependant nous n'avançons point à pas de géant : notre traversée, si prompte depuis le Cap jusqu'à Maurice, menace maintenant de se prolonger dans les parages où nous sommes. Nous avons le bonheur, il est vrai, de jouir de la lumière du soleil dont nous avons été privés pour ainsi dire depuis plus d'un mois, à cause des nuages et des pluies continuelles, mais le vent nous a quittés complétement, et, depuis huit jours, c'est à peine si nous faisons en moyenne quinze lieues par jour. Aussi je n'ai pas grand'chose à vous dire depuis les dernières lignes que j'écrivais le 19 courant ; cependant je suis décidé à vous en dire quelques mots à tort ou à travers.

Dans la nuit du 24 au 25, nous avons passé une seconde fois l'équateur ou la ligne, et nous sommes rentrés dans l'hémisphère nord du globe ; de sorte qu'au lieu de nous éloigner de vous, nous nous en rapprochons sensiblement. Vous comprendrez facilement le tour que nous sommes obligés de faire, à cause de la côte d'Afrique qu'il faut doubler, en considérant la mappemonde sur le premier atlas venu. Avec l'hémisphère nord, qui est actuellement l'hémisphère réchauffé, nous avons retrouvé les grosses chaleurs. Aussi recommençons-nous à coucher à la belle étoile pour éviter de fondre dans nos cabines ni plus ni moins qu'une tranche de beurre frais. Nos visages vont se bronzer tout de nouveau ; la barbe nous rend méconnaissables ; les deux tiers de ma figure en sont couverts de la longueur de plus d'un pouce.

Dans la nuit du 29 au 30, nous avons franchi le groupe d'îles connues sous le nom générique de Maldives : nous avons suivi la route connue sous le terme de Chenal d'un degré et demi. A cet endroit la route n'a que vingt lieues environ de largeur, et il faut bien veiller et bien prendre ses précautions si l'on ne veut aller s'échouer contre les rochers. Les îles de l'archipel des Maldives forment une suite innombrable d'îles basses et de roches. La plupart des grandes sont couvertes de cocotiers et habitées, mais presque toutes les autres ne sont que des bancs de sable ou des rochers arides. Les îles forment de vastes groupes que les naturels nomment *attoles*. Ces attoles paraissent être des sommets de montagnes de corail sous-marines qui s'élèvent à pic jusqu'à la surface de la mer. Il y a envion dix-neuf groupes ou attoles.

Cet archipel est habité par un peuple civilisé, habile dans

l'art de la navigation, et qui fait un commerce actif avec les possessions anglaises dans les Indes. On trouve dans plusieurs de ces îles des écoles de navigation. On y construit des navires de plus de 200 tonneaux ; on y construit aussi des instruments nautiques. Le climat des Maldives est funeste aux étrangers. Les peuples maldifs sont timides, inoffensifs ; ils sont gouvernés par un roi résidant à l'île Malé. Les hommes sont d'une couleur de cuivre foncé, d'une petite taille, et parlent une langue particulière.

Désormais nous n'avons plus qu'à doubler Ceylan et à voir la côte Coromandel.

Le 26 ou 27 courant, on nous a donné à visiter nos grandes malles pour la troisième fois depuis notre départ de Paris. Toutes mes affaires, mon linge, mes ornements d'autel sont en bon état. Dans d'autres malles, il y a eu un peu d'avaries causées par l'humidité.

30 juillet. — Hier nous avons pêché un magnifique poisson appelé tazar. Le calme continue. Si la brise veut se donner la peine de souffler, dans huit jours nous serons à Pondichéry. Nous avançons de quatre heures et demie sur le méridien de Paris. — Nous avons vu de nouveaux oiseaux pendant les derniers jours : des fous, des galères, des poules d'eau superbes.

6 août. — Après douze jours de calme effrayant, nous recommençons, depuis avant-hier au soir, à marcher en bonne route vers Pondichéry. Rien n'a signalé la fin de la dernière semaine, si ce n'est les pêches monstrueuses que nous avons faites. Le même jour et à quelques minutes de distance, nous avons amené à bord deux magnifiques requins, si toutefois on peut décorer ces animaux d'une épithète aussi choisie. Une demi-heure plus tard, tandis que nous étions à dîner, on en prit un troisième, plus gros encore que les précédents. On le pesa avec une romaine, et on trouva qu'il donnait 130 livres, grand poids. Sa longueur était de deux mètres sur soixante centimètres environ de largeur. Vous ne sauriez croire combien ces sortes de bêtes sont dures à mourir ; vidées à l'intérieur, criblées de coups de couteau à l'extérieur, la tête et la queue séparées du tronc, elles continuent de remuer, et le cœur reste souvent plusieurs jours à palpiter, séparé de toute chair ; c'est une chose incroyable. Deux jours après, on pêcha dans la journée quatre autres poissons appelés bonites ; leur poids est d'environ dix livres. Comme les autres habitants de l'Océan, ils n'ont presque pas d'arêtes ; leur chair, quoique assez massive, est bonne à manger. Pour les prendre, on agite à la surface de l'eau et l'on fait sautiller de petits hameçons habillés de toile cousue en forme d'anchois ; ils sont si lestes qu'ils se prennent à l'hameçon pendant qu'il sautille.

Le 1er août, pendant la nuit, nous avons eu une éclipse partielle de lune, que nous avons observée à l'aide des instruments de marine.

Le 4, une légère brise vient enfler nos voiles et terminer le long calme qui nous arrêtait : la mer, auparavant unie comme une glace, redevient émue et houleuse ; de petites vagues lèvent la tête, comme pour voir ce qui se passe au dehors, l'onde se brise contre les flancs du navire et produit un peu d'écume ; bon signe. La bonne Vierge, notre douce Mère, avait exaucé nos prières ; car le samedi soir, nous unissant à nos confrères de Paris, nous avions invoqué avec ferveur l'Étoile de la mer. Depuis, nous avons continué de marcher, et la nuit dernière, sur les deux heures du matin, au clair d'une belle lune, on découvrit l'île Ceylan, qui est pour nous la terre promise. Ceylan, colonie anglaise, est la première terre indienne qui se trouve de ce côté; sa capitale est Colombo. On en exporte de la cannelle, du cardamome, du café, de l'huile de coco, de l'ébène, etc. Par les temps clairs, une montagne de cette île se découvre jusqu'à trente lieues en mer; mais cela arrive bien rarement, et, dans la saison où nous sommes, avec la mousson du S.-O., Ceylan est enveloppée d'épaisses vapeurs comme d'un manteau de bure.

Désormais nous ne quitterons plus la terre de vue jusqu'à Pondichéry. Depuis ce matin nous nous en sommes éloignés un peu, il est vrai, à cause de montagnes sous-marines qui s'avancent de dix milles environ dans la mer; mais ces dangers une fois évités, nous nous rapprocherons, sauf mauvais temps, de la terre; nous contournerons l'île et nous prendrons immédiatement la côte de Coromandel, car Ceylan est relié à cette côte par deux rochers presque à fleur d'eau.

Le capitaine, pour qui Ceylan est à peu près Pondichéry, et qui se considère comme au terme du voyage, pour exciter la vigilance des matelots, promit au premier qui signalerait la terre, ou une balle de riz, ou une carotte de tabac pesant six livres, ou un singe, ou un petit Indien pour domestique, au choix. — Or, c'est le petit mousse qui a gagné le prix, paraît-il, bien que le second prétende que c'est lui qui l'a mis sur la voie en relevant la terre sur le compas. Quoi qu'il en soit, le second ne veut pas contester et cède volontiers le prix au mousse. On a donc demandé à ce dernier ce qu'il choisissait, du riz, du tabac, de l'Indien ou du singe; lui, à propos de toutes ces choses, a répondu naïvement qu'il choisissait une pièce de foulards. Il me rappelle ce petit enfant à qui l'on disait : « Mon enfant, qu'aimes-tu mieux de ton papa ou de ta maman? » et qui répondit à cet écrasant dilemme : « J'aime mieux la viande! » ...

Dans les parages où nous nous trouvons, l'eau est tout à fait verdâtre; on a prudemment, à cause de cet indice, jeté la sonde à deux ou trois reprises; mais sous 70 brasses (350 pieds environ) on n'a pas trouvé de fond.

Vers midi aujourd'hui on a télégraphié avec un vapeur anglais du nom de l'*Ému*, en route pour Hong-Kong. Il sortait de la pointe de Galles, c'est-à-dire de la partie sud-ouest de Ceylan. A l'aide de longues-vue, on voyait distinctement les nombreux passagers réunis sous la tente, pour se préserver sans doute de l'ardeur du soleil. Ce navire paraissait immense, et devait porter environ 2,000 tonneaux. Or, le nôtre n'en porte qu'environ 400. En quelques minutes il nous devança, ses voiles et sa vapeur aidant, et, une heure après, l'horizon brumeux le voilait à nos regards.

8 août. — De grand matin on signale un navire; peu de temps après on lui voit faire des manœuvres extraordinaires, et le capitaine dit : « Sans doute qu'à bord de ce navire il sera arrivé quelque malheur; on dirait qu'on veut sauver un homme tombé à la mer! » Après déjeuner on regarde de nouveau; le vaisseau s'avançait avec rapidité. On arbore le pavillon, et l'on a la consolation de voir qu'on hisse de l'autre côté le drapeau français. Midi sonne; on télégraphie avec le navire, et puis l'on est assez près l'un de l'autre pour se pouvoir parler à l'aide du porte-voix. Nous avions affaire avec le *Christophe-Colomb*, capitaine Bally. Le navire et son capitaine sont une connaissance intime de M. Goujon.

Une heure plus tard nous étions dépassés, et nous avions appris qu'en réalité un homme était tombé à la mer, mais qu'il avait été sauvé. Le *Christophe-Colomb* nous promit d'annoncer notre arrivée à la mission de Pondichéry.

On tourne enfin l'île Ceylan et l'on voit apparaître la côte
de Coromandel à peu de distance de nous. Aidés par les
longues-vue, nous pouvons distinguer, le jour, les nombreux cocotiers qui tapissent le rivage, et, la nuit, les feux
qui indiquent aux navires le chemin du port. Une bonne
brise vient enfler les voiles; mais l'on est si près de terre
et entourés de tant d'écueils, qu'il serait imprudent de se
livrer à la force du vent. Ce n'est donc que pas à pas, pour
ainsi dire, et la sonde à la main, qu'on se permet d'avancer.
— Ce soir un orage très violent semble éclater du côté de
Pondichéry. Les éclairs embrasent et enflamment l'atmo-
sphère.

10 août. — Au moment d'arriver enfin au port désiré,
nous avons failli faire des avaries fort considérables.
Ce matin après déjeuner, l'une des Sœurs de S. Joseph
qui font avec nous le voyage, apercevant à quelques mètres
devant nous une voile ou un drapeau rouge et blanc, se
mit à l'examiner, pensant que c'était peut-être quelque
barque de pêcheurs détachée de la plage. Le capitaine était
encore en bas; on l'appelle pour lui faire voir la curiosité;
il monte, et au premier coup d'œil, jugeant de quoi il
s'agissait, il se hâte de commander une manœuvre pour
éviter l'écueil, car c'en était un, tout récent, découvert
depuis peu sans doute, et qui par-là même n'était pas encore
signalé sur les cartes maritimes. Il était temps; un peu plus
nous allions donner contre, et qui sait ce qui serait arrivé !
On ignore quelle sorte d'écueil c'était, et la brise qui nous
poussait vigoureusement nous empêcha d'aller à la décou-
verte : peut-être le haut d'un navire qui aura coulé, ou bien
quelque île qui croît sous les eaux, car à certains endroits
les îles poussent comme des champignons; et l'Océanie
paraît s'être formée en bonne partie de cette manière. —

Remercions Dieu qui nous a protégés, et qui, de sa main paternelle, a écarté le danger.

La couleur de l'eau a notablement changé; elle est tout à fait verte; la sonde ne donne plus que quelques brasses d'eau; il est évident que nous sommes près de toucher la terre. Demain matin, 11 courant, nous débarquerons à Pondichéry, car nous n'osons pas le faire en pleine nuit.

Adieu!

Pondichéry, 13 août 1860. — Le 11, de bon matin, on profite de la brise; tous les yeux étaient tournés sur la rade de Pondichéry, en vue de laquelle nous étions. Les édifices de la ville paraissent à l'œil nu, et les vaisseaux mouillés dans la rade étalent leur pavillon national. On dit deux messes d'actions de grâces, on prépare ses malles, et l'on déjeune avec plus ou moins d'appétit. Quand nous remontâmes sur la dunette, la côte paraissait encore plus distinctement, avec toutes les richesses de sa prodigieuse végétation. Des barques d'Indiens s'avancent vers la *Prime* pour offrir le poisson qu'ils avaient pêché; j'ai dit *barques,* car je ne sais comment définir l'espèce de radeau sur lequel naviguaient ces hommes noirs; cela consiste en trois planches liées ensemble par quelques cordages. L'eau entrait de tous côtés; mais ceux qui la montaient n'en avaient pas l'air grandement effrayés; ils se trouvaient aussi à l'aise sur ce frêle édifice que nous sur notre grand navire. Ce sont les premiers Indiens que nous ayons vus sur la côte Coromandel. Ces pauvres gens étaient païens, car, à la vue des missionnaires, ils ne firent ni révérences, ni signes de croix pour se faire reconnaître. Leur peau est plutôt fortement bronzée que noire; leur costume est très simplifié : il ne consiste en général qu'en une ceinture qui fait le tour des reins et cache ce qu'il y a d'essentiel. Leur visage est fort régulier : trempez des Européens dans l'encre et vous aurez des Indiens. Nous aurions bien voulu, au prix de notre sang, racheter ces pauvres gens de l'idolâtrie, les arracher aux griffes du démon et les faire participants de tous les fruits du sacrifice de la Croix ! Nos cœurs apostoliques auraient tressailli bien fort dans nos poitrines si nous avions pu les offrir au Dieu d'amour qui nous envoie pour leur montrer la voie du salut !

A dix heures et demie une seconde barque, mais cette fois-ci une vraie barque, que l'on appelle ici une chélingue, paraît devant nous. Une douzaine de noirs la faisaient voler sous l'effort de leurs rames. Dans le fond de cette barque, une petite tente abrite un gros monsieur à figure blanche, habillé à l'européenne. On pense que c'est le médecin du port qui vient s'enquérir de l'état sanitaire de l'équipage et des passagers ; car, au cas de maladie contagieuse, on ferait faire une quarantaine d'épreuve. Une sorte de commis monte à bord, s'informe auprès du capitaine, et finit par s'en aller. A ce moment, on entre dans la rade ; la *Prime*, ornée de pavillons et de banderoles, ralentit peu à peu sa marche. Tous, confrères et religieuses, debout sur la dunette avec moi, nous attendions le moment décisif. Enfin il sonne, l'ordre est donné ; on jette l'ancre au fond de la mer. A cet instant nous entonnons d'une voix ferme le magnifique chant du *Te Deum*. Tous les vaisseaux qui nous environnaient se tournent de notre côté, les travaux cessent, le silence s'établit partout. Notre voix s'entendait depuis le rivage, et les Indiens qui le tapissaient prêtaient attentivement l'oreille à ce chant d'actions de grâces et de jubilation. Il paraît, d'après les ouï-dire, que cela faisait un effet magique ; notre capitaine en avait presque les larmes aux yeux.

De suite des barques nous entourent. La chélingue du

médecin nous attendait, et le patron nous engageait à y descendre. On s'y résolut facilement, et quelques minutes après nous quittions définitivement la *Prime*. Les noirs frappent l'eau de leurs rames en forme de pelles, et, pour aller en cadence, s'accompagnent des chants de leur pays. Depuis la chélingue nous vîmes nos confrères, dans leur costume pittoresque et leur parasol blanc, qui nous attendaient, non pour nous embrasser, ici ce serait presque un scandale, mais pour nous serrer affectueusement les deux mains et nous conduire à la Mission. Nous continuons de marcher ; la barre, ou espèce de banc de sable sur lequel la mer se brise, est passée sans effort ; nos Indiens se jettent à l'eau pêle-mêle pour tirer la barque, et puis d'autres viennent du rivage pour nous porter à terre. Ils se servent pour cet effet d'une espèce de palanquin. On me fait passer le premier ; je monte sur cette chaise, et en une demi-minute les quatre bras de mes deux Indiens me déposaient sur le sable, sur la terre de Pondichéry, où mon Dieu m'envoie et où j'espère vivre en bon et saint missionnaire. Que le bon Dieu m'en fasse la grâce !

Quand tout le monde fut débarqué, nous nous rendîmes à la procure, où l'on nous témoigna le plus vif intérêt et l'affection la plus cordiale. On nous remit les lettres, et c'est avec bien du plaisir que j'ai lu la vôtre, bonne mère, où vous me témoignez tant d'amour, et, ce qui est préférable, une grande conformité de votre volonté à celle du bon Dieu. Je reçus d'autre part des lettres de Paris, et, après avoir satisfait à toutes mes petites inquiétudes de fils, de frère et d'ami, je m'installai, ou plutôt on m'installa dans la chambre spacieuse où j'écris maintenant, entouré de jardins, ombragé par les cocotiers et revêtu de ma soutane blanche où je suis à l'aise comme un poisson dans l'eau.

Dès l'arrivée on me mit en campagne, et l'on me réserva

pour aller chanter la grand'messe le lendemain dimanche à Nellitope, village à trois milles de Pondichéry, où il y avait belle et solennelle fête.

Je n'ai pas le temps de pousser plus loin cette pauvre et méchante relation. Vous voudrez bien excuser les nombreuses fautes que vous y trouverez, à cause des lieux et des circonstances où je l'ai faite ; je tâcherai de la compléter par ma prochaine lettre, que peut-être vous recevrez avant cette présente relation. Je n'ai pas le loisir de coucher tous ces détails sur ce cahier, car une occasion se présente de vous l'envoyer à moindres frais par un missionnaire, M. Dallet, celui qui a fait le chant du départ; il retourne en France pour rétablir sa santé et s'embarquera prochainement à Madras. Sans cette bonne occasion, le port eût coûté peut-être trente francs; tandis qu'il n'aura à être payé que depuis le lieu de la France où il sera mis à la poste. Ma santé est excellente, et mon pauvre cœur est plein de joie.

Priez Dieu qu'il me fasse bien la grâce de vivre toujours et de croître sans cesse en son saint amour, dans lequel je vous embrasse bien tendrement et bien affectueusement. Que ce Dieu mille fois aimant soit loué, béni et remercié pour la bonté insigne dont il m'entoure! Je le supplie de vous bénir tous du haut des cieux. *Soli Deo honor et gloria in sæcula sæculorum. Amen.*

Loué soit Jésus! *Amen !*

Adieu, bonne mère! Adieu, Albert, Marie, Claudius, etc. ! Adieu!

Votre fils et frère qui vous chérit en Jésus,

L'abbé Hugues Bottero,

Prêtre de la Congrégation des Missions-Etrangères et missionnaire apostolique à Pondichéry (Indes).

Pondichéry, le 22 août 1860.

BIEN CHER ALBERT,

J'ignore si cette première lettre que je t'écris arrivera avant ou après la relation détaillée que j'ai envoyée à ma bonne mère, touchant mon voyage de Paris à Pondichéry; quoi qu'il en soit, elle en est le complément, et ce que je dirai ici je l'aurais couché dans cette relation si le temps me l'avait permis; mais il ne fallait aucunement perdre la bonne occasion que j'avais à Madras par suite du retour en France de l'abbé Dallet.

Pour reprendre les choses au point intéressant, tu me permettras de me retrouver en esprit à bord de la *Prime*, le 11 août, aux premiers feux du jour. Tout y est en mouvement. La mer est faiblement agitée par la brise. A deux ou trois lieues devant nous, la côte apparaît couronnée de la verdure des nombreux cocotiers qui la bordent; l'œil entrevoit même les édifices les plus élevés de la ville de Pondichéry et les navires mouillés dans sa rade. La joie est sur tous les visages, sur les nôtres surtout, car, tant bien soit-on à bord, il n'y a cependant rien de comparable à ce qu'on nomme vulgairement le plancher des vaches ou la terre ferme.

Tous nos bagages sont prêts, notre toilette est faite ; sur les six heures on a dit deux messes d'actions de grâce ; il ne reste plus qu'à débarquer. On déjeune sur ces entre-faites, et, vers les dix heures environ, nous faisons notre entrée solennelle dans la rade si longtemps désirée. Un *Te Deum* brillant s'échappa de nos poitrines embrasées au moment où l'ancre est jetée au fond de l'eau, et nous mîmes à ce chant superbe tant d'âme et tant de feu qu'im-médiatement tous les travaux furent interrompus sur les navires environnants ; chacun ne songeait qu'à prêter une oreille attentive à ce cantique sublime, entonné par les missionnaires et répété par les religieuses que nous avions avec nous. Notre capitaine, tout marin qu'il était, avoua qu'il avait les larmes bien près des yeux, tandis que de nos cœurs brûlants la joie débordait en flots harmonieux.

Déjà nous avions été accostés par quelques hommes du pays, à peu près vêtus du costume de notre premier père, qui étaient venus offrir le poisson qu'ils avaient pris à leur pêche. Ils étaient montés sur des kattou-maram, drôle de nacelle s'il en fut. Imagine-toi deux ou trois planches sim-ples, liées entre elles par une sorte de cordage, en osier peut-être, sans rebords, sans bancs pour s'asseoir. Eh bien ! c'est sur cette frêle embarcation que se logent ces pauvres gens pour se confier aux flots de la mer ; c'est avec cela qu'ils vont, assez loin de la côte quelquefois, chercher le poisson qui les fait vivre. Vienne une forte vague, ils pour-ront être renversés, mais c'est pour eux une petite affaire ; l'eau étant leur élément quasi naturel, ils s'y trouvent à l'aise comme les oiseaux dans l'air. Que font-ils? ils se jettent alors à la nage, et, en moins de temps qu'il ne m'en faut pour l'écrire, ils sont de nouveau les maîtres de leur kattou-maram.

Comme nous approchions de la rade, un bateau mieux installé que les kattou-maram s'approcha de nous. Il était monté par une douzaine d'Indiens sous les ordres d'un blanc, vêtu à l'européenne, et qui paraissait avoir une mission à remplir vis-à-vis de nous. Il en avait une en réalité : c'était de s'assurer qu'il n'y avait parmi l'équipage et parmi les passagers ni lépreux, ni cholériques, ni pestiférés d'aucune sorte ; au cas où il s'en serait trouvé, on nous eût fait faire une quarantaine plus ou moins prolongée, selon la gravité de la contagion. Comme notre santé à tous était excellente, son inspection fut bientôt terminée ; il poussa même la gracieuseté jusqu'à nous offrir sa chélingue (c'est le nom du bateau) pour nous conduire à terre. Après quelques pourparlers, pensant qu'il y avait assez de place pour les six missionnaires, les quatre religieuses et le capitaine, les seuls du reste qui devaient descendre à terre, nous acceptâmes avec plaisir.

On installe donc l'échelle ; chacun saisit ce qui lui est indispensable, et nous mettons le pied dans la chélingue. Bientôt les rames sont en mouvement ; les noirs qui les manœuvrent frappent l'eau en cadence, en s'accompagnant d'une sorte de chant ou de dialogue fabriqué pour la circonstance, et nous nous approchons sensiblement de la plage, remplie de curieux de toute espèce. Parmi eux, trois ou quatre de nos confrères se faisaient distinguer par leur soutane blanche et leur large parasol blanc, costume tout à fait dans le goût du pays. Ils étaient venus à notre rencontre, car dès la veille nous avions été signalés par le *Christophe-Colomb* que nous avions trouvé vis-à-vis de Ceylan.

Au bout d'une demi-heure enfin, nous arrivons à la barre : c'est l'endroit où la mer se brise contre le rivage, ce qui produit une vague très haute et très impétueuse ; les chélingues sont construites de façon à franchir cet écueil sans encombre, et, lorsque la mer est paisible, on ne reçoit pas même une goutte d'eau sur le sommet de la tête. C'est ce qui arriva pour nous ; nous passons cette barre avec la facilité que mettrait un zouave à sauter une bûche de paille. Aussitôt tous les Indiens qui nous conduisaient se jetèrent dans l'eau, et, s'ingéniant des pieds, des mains et de la mâchoire, ils tirèrent la chélingue à quelques pas du rivage. D'autres Indiens, portant une sorte de palanquin, se dirigent instantanément vers nous et nous invitent à y entrer pour nous porter à terre. On me fit l'honneur de m'y faire monter le premier.

Je m'installe donc assez commodément sur ma chaise à porteurs, et quatre hommes me transportent près de mes chers confrères de Pondichéry, qui me reçoivent à bras ouverts, sans cependant m'embrasser, car ceci est prohibé par les usages malabars. Lorsque tout le monde fut rassemblé, on se dirigea à pied vers la procure des missions. Mgr Bonnand, notre évêque, étant absent parce que le Souverain-Pontife l'a nommé visiteur apostolique des missions des Indes, nous fûmes accueillis par M. Dupuy, provicaire, M. Richon, procureur, mon compatriote, et quelques autres missionnaires ; il était environ midi. Après la récitation de l'*Angelus*, précédée bien entendu d'une visite à N.-S. J.-C., qui fut la première que nous fîmes et que nous devions faire ici, on nous fit entrer au réfectoire.

Depuis un certain temps déjà, les missionnaires ne buvaient à leur repas que de l'eau fraîche, à cause de la cherté du vin ; mais à notre arrivée on en servit sur la table tant du rouge que du blanc. — Tu devineras facilement, mon

cher Albert, quel fut le sujet de la conversation. On nous
accabla de questions sur notre voyage, sur le séminaire de
Paris, sur ses directeurs, etc. La table était servie à la façon
du pays pour une part, et à la façon d'Europe pour l'autre
part : ainsi la soupe n'est qu'un mets d'outre-mer ; c'est
une importation toute française, et qui a pourtant son petit
mérite ici comme à Paris. Après la soupe, et dans la même
assiette, on mange le riz, qui est la base de la nourriture
indienne : la plus grande partie des indigènes ne mange
même guère que cela. On assaisonne le riz avec ce qu'on
appelle le kari, espèce de sauce piquante qui emporte la
bouche au moment où on la prend ; mais cette sauce a deux
grands avantages : le premier d'exciter l'estomac, que les
grandes chaleurs rendent extrêmement paresseux, à tel
point que, si l'on s'écoutait, on passerait aisément la journée sans manger ; le second est de produire intérieurement
un grand rafraîchissement.

On sert par la même occasion, et pour obtenir le même
but, d'autres plats d'herbes ou de légumes qui ont le
même goût que le kari ; on fait passer là-dessus de la viande
ou du poisson, selon les circonstances, et le dîner se termine par la manducation du fruit appelé banane. C'est un
fruit rond, allongé de huit centimètres, couvert d'une peau
jaunâtre, et qui a, jusqu'à un certain point, le goût et la
consistance de la poire de beurré. Ce fruit est très sain, très
abondant, et pour lui il n'y a pas de saison qui tienne : à
chaque jour de l'année on peut s'en procurer tant et plus,
et à bas prix. On mange aussi beaucoup de confitures faites
de diverses manières.

Le souper est la répétition du dîner pour le nombre et le
choix des mets. Il a lieu à sept heures et demie. Le déjeuner
se prend aussitôt après l'action de grâces de la messe ; il
consiste, selon les goûts, en un grand bol de café au lait ou

de thé au lait. Le pain n'est pas plus cher ici qu'en France, et il ressemble à la brioche tant il est bien fait. Dans l'intérieur des terres, par exemple, il est difficile de s'en procurer, si surtout on se trouve à distance des centres anglais; le riz alors tient lieu de tout.

Cette digression gastronomique terminée, je reviens à l'histoire de mon arrivée à Pondichéry. Le dîner étant achevé, on prit trois quarts d'heure de récréation. M. le provicaire, pendant ce temps, nous mit au courant des us et coutumes indiens les plus pratiques, et nous fit diverses recommandations pour le soin de notre santé, qui, sans doute, se trouverait bientôt compromise, si, avec le climat des Indes, nous voulions agir un peu trop à la française. Après la récréation on alla, selon l'habitude, faire quelques minutes d'adoration, puis on nous fixa à chacun une chambre. — Ces chambres sont de plain-pied, entourées de jardins de part et d'autre, pour que l'air puisse circuler librement et que l'on ne soit pas trop étouffé par la chaleur. Dans le temps où nous sommes, cette chaleur n'est pas beaucoup plus forte que le gros de l'été à Chambéry; mais c'est le temps le plus doux de notre année; les mois les plus chauds sont ceux de mars, avril, mai et juin.

La chambre que j'habite est vaste, bien aérée, proche de l'église, toutes qualités fort estimables en ce pays. Pour ameublement j'ai quelques chaises et fauteuils en bambou, une table et un lit ordinaire, mais sans paillasse, ni matelas, ni draps, ni couvertures. Une natte est étendue dessus et on s'y couche tranquillement avec ses pantalons, les portes et les fenêtres ouvertes à deux battants.

Je venais à peine d'en prendre possession, qu'un jeune homme du pays, à manières élégantes et gracieuses, ouvre la porte après avoir frappé et se présente à moi avec un plat à barbe et des rasoirs : je m'assieds; il me fait la tonsure et la moustache, qui est ici le signe des hommes mariés, et disparaît après cela en me faisant les révérences les plus respectueuses. A tout instant, depuis, les chrétiens de la ville viennent à la procure pour nous voir et nous demander des croix, des médailles, des chapelets, des scapulaires; si on voulait en donner à tous, il faudrait traîner avec soi de grands magasins de ces objets de piété. Les élèves du petit séminaire surtout, qui savent le français, sont toujours à nos trousses. En promenade même il nous suivent pas à pas; nous voient-ils embarrassés pour parler à quelqu'un, ou bien arrêtés à considérer quelque chose, ils viennent immédiatement nous servir d'interprètes ou de cicéroni.

Le lendemain de mon arrivée, dimanche 12 août, on m'envoya chanter la messe à Nellitope, gros village à une demi-heure de Pondichéry; quelques jours après, j'ai assisté à une grande procession faite dans ce même village à l'occasion de sa fête patronale. Je ferai une autre fois la narration de ces choses, parce que je dois en voir de pareilles le 8 septembre prochain, et que j'en parlerai ainsi une fois pour toutes.

Le 15 août j'ai dit la messe de fort bonne heure dans un couvent de Carmélites dont la Mission a la direction. Ce sont des filles indigènes qui le composent; elles sont au nombre de quinze; il y a de plus six postulantes. Je leur ai donné à toutes la sainte communion avec beaucoup de joie et de consolation, voyant que les enfants de Ste Thérèse se multipliaient si loin du berceau de leur sainte fondatrice. Après la messe, j'allai accompagner M. le provicaire à la ville blanche, pour assister au *Te Deum* solennel chanté à l'occasion de la fête de l'Empereur. Nous allâmes ensuite visiter le gouverneur de Pondichéry, mais il était invisible. Le second personnage de l'endroit étant M. l'ordonnateur, nous lui fîmes aussi une visite; il nous accueillit fort bien, fut charmé de voir deux des missionnaires nouveau-venus, et nous dit qu'il parlerait de nous au gouverneur. Depuis il nous a rendu la visite à la procure, accompagné du trésorier.

Nous avons déjà commencé l'étude du tamoul.

Jusqu'à quand resterai-je tranquille ici? pas longtemps, dit-on.

On parle sourdement de me mettre professeur au collége colonial, tenu par nos missionnaires.... Que la volonté de Dieu soit faite! J'ai besoin de le dire, car je ne me sens pas naturellement grand goût pour l'enseignement, surtout des Européens ou descendants d'Européens; mais avant tout, ô mon Dieu, que votre volonté soit faite! Ce n'est qu'en la faisant que je puis être heureux. Adieu, cher Albert; je donnerai d'autres détails sur beaucoup de points dans mes autres lettres.

Hugues BOTTERO,
Miss. ap.

P. S. — Ma santé est excellente; comparativement à mes confrères, les moustiques ne me font pas grand mal; après quelque temps ils ne piquent plus.

Aussitôt arrivés nous avons endossé la soutane blanche, comme tu la vois sur ma photographie. Le voile et le chapeau rouge se portent rarement en ville; ici nous avons la barrette noire, ou rouge, ou blanche. Une fois dans les terres on prend le costume complet, comme sur mon portrait.

J'ai reçu à mon arrivée une lettre de maman et d'autres lettres de Paris. La dernière malle-poste m'en a apporté une de mon directeur au séminaire. J'espère que la prochaine me donnera encore de vos nouvelles.

Embrasse de ma part maman, Marie et Claudius, et fais mes amitiés à toutes les personnes qui se souviennent de moi.

Priez beaucoup pour moi, afin que je ne mette pas d'obstacle aux desseins de Dieu sur moi.

Mille fois adieu!...